歴史文化ライブラリー
150

吉川弘文館

水戸学と明治維新

吉田俊純

目次

1　水戸学はどのようにとらえられてきたか

水戸学はどのようにとらえられてきたか――プロローグ

水戸学とは

水戸学とは何か、どう定義するかは、難しい問題である。典型的には前期水戸学、後期水戸学と時期を二分して称されることが、よくこのことを示している。水戸学とは、水戸藩第二代藩主徳川光圀《とくがわみつくに》が、正保二年（一六四五）、十八歳のときに編纂《へんさん》を志した『大日本史《だいにほんし》』編纂事業のなかから成立した学風ととらえるのである。しかし、光圀を中心とした前期と、第九代藩主斉昭《なりあき》を中心とした後期とでは、質的な違いがあるために、前期水戸学・後期水戸学と分けてとらえるのである。

右の水戸学のとらえ方に対して、とくに水戸学と称され、ほかと違った思想性をもつようになったのは、後期の段階になってからなので、水戸学とは後期に限定すべきだとの考え方もある。たしかに、水戸藩で形成され唱導された学問を、「水戸学」などと城下町水戸の名をつけて呼ぶようになったのは、天保期からであった。ほかに「水府学《すいふがく》」「天保学」「一国流《いっこくりゅう》」などと呼ばれた。いずれも、その特異性のゆえに、地域的・時代的に限定した蔑称《べっしょう》として唱えられたのである。それゆえに当時の水戸学者たちは、これらの名称を嫌った。水戸学の名称が肯定的に唱えられるようになったのは、この後、改革の成果とともに広く唱導され、幕末の危機のなかで御三家水戸の学として、広く受け入れられるようになってからである。

水戸学と明治維新を論じる本書においては、水戸学の意味は、後者の後期水戸学に限定した使い方にしたがう。

ところで、水戸学は学風であると指摘した。学風とは、学問的環境・傾向といった意味である。この用語には、厳密な意味での思想の理論的体系性は前提にされていない。天保以降、ほかとは違った思想性をもつようになった水戸学も、学風としてのまとまりを保ちながらも、一定した理論体系はもちえなかった。

これまで水戸学は一様な思想ととらえられてきた。その思想の本質を解明するために、儒教古典の解釈学である経学《けいがく》の学派との関わりが論じられた。水戸学の本質は、あるいは朱子学《しゅしがく》、あるいは朱子学と国学の折衷《せっちゅう》、あるいは徂徠《そらい》学と国学の折衷などと論じられた。ここに欠如している視点は、水戸学内部の違い、対立の問題であった。時期的のみならず、学者間の違い、それがもつ政治的意義である。

水戸学の展開

水戸学は寛政年間（一七八九〜一八〇〇）以来、内憂《ないゆう》・外患《がいかん》の危機を鋭《えい》敏《びん》に感じ取った水戸の学者たちによって形成されていった。危機を克服するために、彼らは中国と日本に先行した儒教各派の理論と実績を積極的に学び、取り入れた。彼らは儒者であったが、学んだのは儒教のみではなかった。国学にも学び、洋学《ようがく》の成果を取り入れることにも、やぶさかではなかった。彼らは当時存在した学問・思想のすべてを動員して、採長補短《さいちょうほたん》の折衷的方針の下、尊王攘夷《そんのうじょうい》思想として、それらを総合した理論を構築することをめざしたのである。

彼らはまた、危機を解消するための改革を積極的に提唱し、実践した。しかし、改革は理論どおりには進まなかった。むしろ理論の修正を迫った。かくして水戸学は変質し、学者間の対立となった。本書はこの展開を、寛政《かんせい》期の論争、化政改革《かせいのかいかく》、会沢正志斎《あいざわせいしさい》の「新《しん》論《ろん》」、天保改革《てんぽうのかいかく》、藤田東湖《ふじたとうこ》の「弘道館記述義《こうどうかんきじゅつぎ》」、幕末の改革と追うことによって、水戸学が明治維新の思想的推進力に成長していく過程を叙述しよう。

そうはいっても、水戸学は学風の水準に留まったといわなければならない。水戸学は理論の形成過程で終わってしまったのである。そのために水戸学は、時期的・人的な内部の多様性も手伝って、どのようにも理解できる曖昧《あいまい》さを含んでいる。幕末に大きな意義をもった水戸学は、近代になると天皇制イデオロギーとして作用する。水戸学は少なくとも結論的には、最後まで幕府擁護論であったにもかかわらず、そうなったのは、水戸学が展開した思想的発展の方向性のほかに、この曖昧さがもった意義も大きかった。もちろん、本書は曖昧さではなく、思想的発展の方向性の究明に努める。

戦後の通説

水戸学は明治維新の思想的推進力になった思想であり、近代においては天皇制イデオロギーとして作用した。とくに十五年戦争期には、幕末に尊王《そんのう》論《ろん》を主張し、攘夷論《じょういろん》を展開した思想として盛んに称揚された。しかし、今日、私のように幕末から近代にかけて、水戸学のもった意義を大きくとらえようとする見解は微弱である。なぜならば、戦争に国民を動員した水戸学は、戦後は一変してまったく省みられなくなったからである。良心的な人ほど嫌ったといってよい。学問的にも水戸学は封建思想と決めつけられ、水戸学を克服する過程に明治維新の成立は説かれた。この定説化された今日の水戸学理解は、政治史的には遠山茂樹《とおやましげき》の、思想史的には丸山真男《まるやままさお》の業績に負っている。

明治維新の根底的な流れを、下からの革命的な力の成長に対する、上からの改革の政治過程ととらえる遠山は、水戸学は将軍・大名の立場から唱えられた思想と認める。理論的には封建道徳的名分論《めいぶんろん》であり、身分制を肯定して幕藩体制を再編強化する目的であったととらえた。そして、明治維新を成立させるためには、下から成長する民衆の力をある程度汲みとる性格をもたなければならないと論じた。遠山は水戸学を克服したその典型を、長州藩の奇兵隊《きへいたい》諸隊に認めるのである。

朱子学的な自然的秩序思想に対して、荻生徂徠《おぎゅうそらい》は作為説《さくいせつ》によって徂徠学を成立させた。以後の本居宣長《もとおりのりなが》へと展開する思想界は、情欲を肯定するようになる。ここに封建社会内部からの解体の動きを認める丸山は、水戸学を身分制を肯定する自然的秩序観の思想であり、封建秩序を変革するよりも再確認する思想であったと論じた。そして、身分制に批判的になり、一君万民的な思想傾向をもつようになった吉田松陰《よしだしょういん》に、近代へ連続する側面を認めるのである。

封建思想として明治維新の思想的推進力として否定された水戸学は、今日、近代史のなかでもほとんど取り上げられない。

教育勅語と水戸学

天皇制と水戸学の関係では、教育勅語《きょういくちょくご》がもっとも重要である。勅語は、明治二十三年（一八九〇）十月三十日、水戸行幸《ぎょうこう》の直後に渙発《かんぱつ》された。それだけ勅語は、水戸学の論理にもとづいているとの印象を強く与えた。明治の水戸学者の栗田寛《くりたひろし》はさっそく「勅語述義《ちょくごじゅつぎ》」を著わしている。同じく明治の水戸学者の内藤耻叟《ないとうちそう》はそれに跋文《ばつぶん》を書いている。明治維新の結果は、水戸学者にとって望ましいものではなかった。第一、幕府は滅亡した。そのうえ、彼らは維新政府のなかで地位をえられなかった。不遇であった彼らに勅語は、明治維新は水戸学の成果であるとの安堵《あんど》感を与えたのである。

教育勅語

たしかに教育勅語は水戸学的である。勅語の本文はつぎのようである。

朕惟《ちんおも》フニ我カ皇祖皇宗国ヲ肇《はじ》ムルコト宏遠《こうえん》ニ徳ヲ樹《た》ツルコト深厚ナリ我カ臣民克《よ》ク忠ニ克ク孝ニ億兆心ヲ一ニシテ世世厥《そ》ノ美ヲ済《な》セルハ此《こ》レ我カ国体ノ精華ニシテ教育ノ淵源《えんげん》亦《また》実ニ此《ここ》ニ存ス爾臣民《なんじしんみん》父母ニ孝ニ兄弟ニ友ニ夫婦相和シ朋友相信シ恭倹己《おの》レヲ持シ博愛衆ニ及ホシ学ヲ修メ業ヲ習ヒ以テ智能ヲ啓発シ徳器ヲ成就《じょうじゅ》シ進テ公益ヲ広メ世務ヲ開キ常ニ国憲《こっけん》ヲ重シ国法ニ遵《したが》ヒ一旦緩急アレハ義勇公ニ奉シ以テ天壌無窮《てんじょうむきゅう》ノ皇運ヲ扶翼《ふよく》スヘシ是《かく》ノ如《ごと》キハ独リ朕《ちん》カ忠良ノ臣民タルノミナラス又以テ爾《なんじ》祖先ノ遺風ヲ顕彰スルニ足ラン

斯《こ》ノ道ハ実ニ我カ皇祖皇宗ノ遺訓ニシテ子孫臣民ノ倶《とも》ニ遵守《じゅんしゅ》スヘキ所之《これ》ヲ古今ニ通シテ謬《あやま》ラス之《これ》ヲ中外ニ施シテ悖《もと》ラス朕爾《ちんなんじ》臣民ト倶《とも》ニ拳拳服膺《けんけんふくよう》シテ咸《みな》其徳ヲ一ニセンコトヲ庶幾《こいねが》フ

水戸学との類似性

まず論旨をみると、皇祖が五倫《ごりん》（君臣・父子・男女・長幼・朋友の五種の人間関係）の忠孝道徳によって建国したことを説き、この祖先以来の教えにしたがって国家に報いるように説いている。水戸学的である。また、国体や斯道といった中心的な概念を表わす用語が共通であるのみでなく、「億兆心ヲ一ニシテ」の表現は、会沢正志斎《あいざわせいしさい》の「新論」中の表現である。さらに水戸学のエッセンスといわれる「弘道館記《こうどうかんき》」が学問をするうえでの前提として掲げる四綱目《しこうもく》、忠孝一致・文武一致・学問事業一致・神儒一致も読み取れる。そして、教育と政治は君主が統《す》べるとの、治教一致《ちきょういっち》も勅語に読み取れるのである。

たしかに教育勅語は水戸学に似ている。それゆえに勅語は水戸学にもとづくとの見解は、戦前は水戸学者のみでなく、かなり一般的であった。しかし、今日ではこの見解はほとんど顧みられない。勅語には水戸学的要素のほかに、近代的な思想が取り入れられていて、今日の勅語の研究・解説はこの方面から主としてなされている。

勅語の近代性と水戸学

君主であった天皇が国民道徳を定めるという、およそ近代国家にあるまじき教育勅語であるが、勅語には近代的・普遍的な価値観が採用されている。文面を一見していちばんわかりやすいのは、「国憲ヲ重シ国法ニ遵《したが》ヒ」とある点である。憲法や法律は近世にはなかった。また五倫の道徳にもとづいているが、男女は「夫婦相和シ」である。ほかの儒教的水戸学的な用語も、旧来の意味あいで読む必要はないのである。

しかし、勅語が水戸学にもとづくものでないというとき、用語上に近代的要素を指摘するだけならば、それは二次的な問題でしかない。勅語は水戸学とは異質であると理解されるようになったのは、勅語により本質的な二つの要素が、水戸学には欠けていると認められたからに違いない。

第一に、勅語には「臣民《しんみん》」とあって、臣と民を分かつ身分制の要素を残しているが、その一方で「爾臣民《なんじ》」と一人ひとりの日本人に向かって、尊王心《そんのう》をもって主体的に働くように求めている。そこに身分制の制約はない。

より重要な点は、勅語に「爾《なんじ》祖先ノ遺風」とあるように、天皇制はほかの何よりも淳風《じゅんぷう》美俗、縮めていうならば風俗に基盤を置いていた点である。風俗とは、日本のどこにでも認められる一般的な習慣である。その意味するところは、人間関係を上下的にとらえる、当時の固い封建意識である。旧態依然《きゅうたいいぜん》たるものであったが、天皇制は自己を支えるものが、風俗として広く日本人一般に、古くから存在すると自認していたのである。

水戸学の民衆観

これに対して、水戸学はどう理解されたであろうか。水戸学は儒教《じゅきょう》に理論的に負っていると考えられてきた。儒教では支配とは教化であり、道徳性をもたない民衆を道徳的に教え導くことであった。この成果として、上に従順な風俗が形成されるのである。したがって、水戸学は民衆を教化する上からの支配思想であり、天皇制と違って民衆的な基盤をもたないと考えられてきたのである。

わが国の近代国家は、早熟的に成立したために、古い封建的な要素を色濃く残していた。しかし、近代国家として成立するためには、少なくとも幕藩体制的な身分制度を克服し、民衆的な基盤をもたなければならなかった。

今日、水戸学は明治維新の思想的推進力であったことも、近代国家との関わりも否定的にしかとらえられていない。幕末から近代にかけて、水戸学が大きな存在であったことを否定する研究者はまれであろう。それにもかかわらず、その意義を否定的にしかとらえない理由は、身分制を克服し、民衆的な基盤をもつような思想とは認められなかったからである。

私は本書において、水戸学は明治維新の思想的推進力であったことを論じる。ここで核心となるのは民衆観である。その指標となるのは教育勅語である。水戸学は勅語のように、一人ひとりに語りかける性格を有したであろうか。また水戸学は民衆のあり方、風俗をどのようにとらえていたのであろうか。これらの問題を以下、本書では水戸学の理論と実践の両面から追究していこう。

寛政期からの始動

立原翠軒と編纂事業の再開

『大日本史』編纂事業の中断

徳川光圀《とくがわみつくに》によって始められた『大日本史《だいにほんし》』編纂《へんさん》事業は、元禄十三年（一七〇〇）の光圀死亡後も、安積澹泊《あさかたんぱく》を中心として続けられた。本編といえる伝記集の紀伝は、正徳五年（一七一五）に原稿が完成した。その後は、朝廷と幕府への献上がめざされて、校訂《こうてい》作業が続いた。幕府への献上は享保五年（一七二〇）に実現したが、朝廷への献上はついに前期の段階では実現しなかった。『大日本史』は南朝正統論《なんちょうせいとうろん》を唱えたが、当時の朝廷は北朝の子孫だったからである。

編纂事業も衰退していった。中心となった澹泊が元文二年（一七三七）に八十二歳で死亡し、寛延二年（一七四九）に浄写が終わると、完全に中断状況に陥った。最大の原因は、財政難に苦しんだ水戸藩には、新しく優秀な人材を招く余裕がなかったからである。澹泊が八十二歳の高齢にいたるまで、編纂の中心であったことが示すように、人材が涸渇《こかつ》したのである。前期の段階では澹泊のような例外を除いて、優秀な人材を藩外から採用していた。中断状況は、天明六年（一七八六）に立原翠軒《たちはらすいけん》が総裁に登用されるまで続いた。この間にも編纂所である彰考館《しょうこうかん》は設置されていたし、総裁以下の職員も配置されていた。しかし、彼らはただ員に備わるにすぎなかった。

前期からの継承

この長期にわたる編纂事業の中断は、前期とは異質な水戸学の成立のためには、大きな意義をもつのだが、一方において水戸学が前期以来の伝統を継承して成立した側面も見逃せない。重要な点を三点、確認しておこう。

第一に、水戸学は前期以来の『大日本史』編纂事業を中心とした、儒教的歴史学のうえに成立した点である。この場合、道徳批判をする理論的側面も重要であるが、実証的側面も見落としてはならない。光圀《みつくに》は全国的な史料調査を実施しただけでなく、『花押藪《かおうそう》』や書体の辞典である『草露貫珠《そうろかんしゅ》』を編纂したように、史料を求めること、正確に読むことに意を用いた人であった。この伝統は確実に継承・発展させられた。水戸は明治にいたるまで、ほかのどこよりも高い歴史学の水準を維持した。

第二に、尊王論を中核としていた点である。尊王論といっても、尊王敬幕《そんのうけいばく》の思想であった。『大日本史』は、結論的に政治の府としての朝廷、南朝の滅亡と、室町幕府の戴《いただ》く北

図1　徳川光圀（茨城県立図書館蔵）

朝への皇統の帰一となった明徳三年（一三九二）で終わっている。『大日本史』は、なぜ武家政権が成立したかを、儒教理論によって解明した書なのである。『大日本史』は、平安中期以降の天皇を政治的君主としてよりも、政権を安定させるための宗教的権威、祭祀《さいし》王《おう》としてとらえている。その一方で、光圀は南朝正統論を唱えた。その理由の一つは、儒教において帝王とは、なによりも政治的君主であったからである。水戸学は、この矛盾を継承した。

第三に、表面、南朝正統論を唱えた光圀であったが、根底においては北朝正統論であった。『大日本史』が、皇統が北朝に帰一《きいつ》した時点で終わっていることも、このことをよく示している。光圀が南朝を正統とした理由は、後醍醐《ごだいご》が現職の天皇として、率先して朝権回復運動を実践したからであった。しかし、儒教的正統論では、正統とはなによりも道徳的血統的な正しさであった。より直接的には、長幼の序に反しないことである。ところで、両統の初代をみると、北朝持明院統《じみょういんとう》の後深草《ごふかくさ》は兄であり、南朝大覚寺統《だいかくじとう》の亀山《かめやま》は弟であった。したがって、儒教理論上、南朝正統論は成立しない。南朝正統論は儒教理論によって唱えられたのではなく、現実の主君に対して絶対的な忠誠を説く、武士の思想にもとづくのである。光圀は儒教理論によって、日本の歴史と文化を研究しようとした。しかし、光圀は両者の矛盾に陥らなければならなかった。水戸学はこの問題、和漢の折衷《せっちゅう》という難問をも継承したのである。

翠軒の登場

継承の反面は断絶である。十八世紀を通じて、近世の学界は大きく変わった。十七世紀は朱子学《しゅしがく》が中心であったが、伊藤仁斎《いとうじんさい》によって古義学《こぎがく》が、荻《お》生徂徠《ぎゅうそらい》によって古文辞学《こぶんじがく》が興り、さらに本居宣長《もとおりのりなが》によって国学《こくがく》が大成された。また、教育・文化が地方にも普及した。水戸藩の士民のなかからも、学者が輩出するようになる。立原翠軒《たちはらすいけん》の出現は、この十八世紀の新しい息吹を、よく示していた。

翠軒の家は、茨城郡栗崎村の出身であった祖父達朝の代の享保十一年（一七二六）に士分に取り立てられた下士《かし》であった。父蘭渓《らんけい》は、彰考館《しょうこうかん》の文庫役を勤めた学者であった。蘭渓は子の翠軒に期待した。勉学に励ますとともに、つねに光圀の『大日本史』編纂事業が振わず、自分も果たせなかったが、この書の完成のために努力するようにと諭した。翠軒にとって『大日本史』を完成させることは、父以来の二代にわたる悲願であった。それゆえに、はじめて江戸に出たとき、藩外の人から『大日本史』がいまだに完成しないのはなぜかと聞かれ、忸怩《じくじ》たる思いにとらわれ、発憤している。これは、宝暦十三年（一七六三）六月に、二十歳で江戸彰考館書写場傭《やとい》に採用されたときのことであろう。

翠軒は、明和三年（一七六六）七月に、水戸彰考館編集に登用された。『大日本史』編纂に携わる地位に着いた。しかし、仏事志《ぶつじし》を担当して草稿を完成させたが、総裁たちの協力がえられず、それ以上は何もできなかった。そのうえ、翠軒は以後二〇年、この職にとどまった。総裁に出世できなかったのである。

図2　荻生徂徠（致道博物館蔵）

異端児翠軒

翠軒が登用されなかった理由は二つあった。一つは学派の問題である。翠軒は田中江南《たなかこうなん》と大内熊耳《おおうちゆうじ》から徂徠《そらい》学を学んだ。それゆえに、朱子学で固められた当時の彰考館のなかでは、疎外されたのである。翠軒は、安永四年（一七七五）六月に、弁明の書を総裁鈴木白泉《すずきはくせん》に送っている。それによれば、翠軒は異端《いたん》として総裁名越《なごや》南渓《なんけい》から忌み嫌われ、総裁富田長洲《とみたちょうしゅう》から教誨《きょうかい》を受けたという。翠軒は、博覧を好んで仁斎・徂徠らの諸家の書に及んだのであって、朱子学を排除したのではないと述べ、「古書より始めて、参するに諸家の説を以てす」と、折衷的な態度を示している。また光圀の意志である『大日本史』を完成するためにも、学問は広く学ばなければならないと主張した。しかし、その一方で「六経《りくけい》諸史は吾が師なり」と明言している。翠軒は、方法論的には儒教の古い古典である六経（詩経《しきょう》・書経・易経《えききょう》・礼記《らいき》・春秋・楽記）を尊重して古文辞学《こぶんじがく》を唱えた徂徠の学を核心としていたのである。

もう一つは、固定化した身分制のためであった。翠軒も彰考館の人選はおおむね世禄の臣によって占められ、人材が登用されていないと指摘している。たしかに当時の総裁をみると、富田・鈴木と大場南湖《おおばなんこ》は中下士であるが、藩祖頼房《よりふさ》以来の家柄の出身である。名越は違って、享保十九年（一七三四）に、幕府の昌平坂学問所《しょうへいざかがくもんじょ》の都講《とこう》から水戸藩に仕えたものである。こうした環境のなかでは、農民出身の三代目の下士であった翠軒が出世する道は、険しかったというほかはない。

図3　立原翠軒（渡辺崋山筆，新居章三蔵）

翠軒の学問

編集となって水戸に帰った翠軒は、家塾《かじゅく》を開いた。ここには多くの弟子が集まり、優秀な人材が育っていった。一方、徂徠学を学び博覧を好んだ翠軒の学問は、多岐におよんだ。詩文はもとより、書画・音楽・古文書・系図、そしてあらゆる古物に関心を寄せた。徂徠学は、道徳の規範から政治・文学・芸術などを解放し、その発展を保障した学問でもあった。この意味でも、翠軒は徂徠学的であった。それはまた、当時、作業の進んでいなかった『大日本史』の分野別の歴史を扱う志類の編纂《へんさん》に展望を開くものであった。水戸学は道徳中心の前期とは違って、多様な分野に眼を向けるようになるのである。

学者として翠軒の評価は高かった。翠軒は、柴野栗山《しばのりつざん》・尾藤二洲《びとうじしゅう》・屋代弘賢《やしろひろかた》など、中央の学者・文人と学派の別なく、幅広く交際をもった。藩内においてもしだいに評価は高まった。天明三年（一七八三）一月には馬廻組《うままわりぐみ》になり、江戸に召されて第六代藩主治保《はるもり》の侍読《じどく》となった。侍読となった翠軒は治保に『大日本史』編纂事業の再開を建言《けんげん》した。これが採用されて、翠軒は天明六年六月に総裁に就任した。総裁にはほかに富田長洲《とみたちょうしゅう》と鈴木《すずき》白泉《はくせん》がいたが、翠軒は特命によって編纂を専管することになった。

藩主に直言できる地位に着いた翠軒は、以後、近臣でこれほど進言したものはいないと評されるほど、進言をした。そのために執政から、政治の妨げをなすといわれたこともあった。徂徠学は、なによりも聖人を制度の制作者ととらえる、制度改革の思想であった。当時の水戸藩政は破局的な様相を呈していた。徂徠学を学んだ翠軒は、治保を支えて藩政の刷新《さっしん》を計ろうとしたのである。

内憂・外患

光圀の時代から水戸藩の財政は慢性的な破綻《はたん》状況にあった。ついに寛延二年（一七四九）には、幕府から改革の命令を受けた。改革を実施した水戸藩は、財政の安定のために強力な年貢増徴政策《ねんぐぞうちょうせいさく》を実施した。そのために、領内農村は荒廃化した。農家は破産して人口が減り、荒地が増大して年貢も減った。かくしてふたたび財政破綻に陥り、安永七年（一七七八）一月にふたたび幕府から改革の命令を受けた。治保は率先して改革にあたった。同年三月、直書《じきしょ》を下して改革を指令した。そこでは、それまでと違って財政の安定のためにも、農村の復興が命じられた。しかし、治保の指令は実現できなかった。かえって天明の大飢饉《だいききん》に襲われて、荒廃はよりいっそう進行した。

荒廃期には農民は生活できないので、赤子《あかご》を殺す間引《まびき》が横行した。また、働いても成果がえられないので賭博《とばく》に耽《ふけ》るなど、生産に努めなくなった。賦課された年貢に納得できず、百姓たちが稲を荷《かつ》いで水戸に出発し、途中で村役人にとめられて帰村する「稲かつぎ」といわれた小さな一揆が頻発した。農民は意欲を失い、藩に反抗的になっていたのである。まさに当時の藩政は危機的状況にあった。

藩政は改革されなければならなかった。しかし、危機は内政のみにとどまらなかった。天明七年（一七八七）六月、ロシアは厚岸《あつけし》に来て通商を求めた。ロシアは図南《ずなん》の志を逞《たくま》しくしていた。この年、治保の後援で老中に就任した松平定信《まつだいらさだのぶ》に、翠軒《すいけん》は天下の三大患は、朝鮮使の聘礼《へいれい》と北夷《ほくい》と一向宗《いっこうしゅう》であるとの上書を提出している。内政が乱れていたからこそ、外からの脅威に敏感にならざるをえなかったのである。尊王の書『大日本史』を編纂し、それだけ意識の高かった水戸学は、内憂《ないゆう》・外患《がいかん》の危機をはやくから鋭敏に感じ取って思想形成を始めるのである。

藤田幽谷の「正名論」

改革を標榜《ひょうぼう》した水戸学は、そのための理論形成を始めた。その始点となったのが、寛政三年（一七九一）に書かれた藤田幽谷《ふじたゆうこく》の「正名論《せいめいろん》」である。

翠軒は総裁になると、彰考館に人材を登用した。そのなかで水戸の古着屋の息子（古着商は当時、水戸の基幹産業で、したがって幽谷の生家は豊かであった）であった幽谷は、翠軒がもっとも期待した弟子であった。たしかに幽谷十八歳のときに、松平定信の求めに応じて執筆された「正名論」は、幽谷の非凡な才能を示す名文である。「正名論」は水戸学の基本を明示した論文といわれてきた。この評価は正しくない。第

一、正名といえば儒教では、職名に賦与《ふよ》された職分を果たすことを求める名分論を一歩進めて、それを正すという意味である。その厳格さは、皇帝の廃立や王朝の交代さえも意味した。ところが、「正名論」でいう正名とは、幕府は「天子の政を摂《と》って」いるのだから、摂政《せっしょう》と称すれば名は正しいというのであって、児戯に等しい結論である。息子の東湖《とうこ》は若いころの幽谷の著作には、名義に関係する点で「少年未定の見」があると指摘している（「遺稿輯録大意《いこうしゅうろくたいい》」）が、これもその一つに数えられる。

それでは、なぜ基本が明示されていると説かれたのであろうか。それは、「幕府、皇室を尊べば、すなはち諸侯、幕府を崇び、諸侯、幕府を崇べば、すなはち卿・大夫《たいふ》、諸侯を敬す。夫《そ》れ然る後に上下相保ち、万邦協和す」と、説かれた点が重要である。すなわち、頂点に天皇を戴《いただ》き、支配層が名分論的秩序にもとづいて、道徳的責任を果たすことを強く要請しているのである。

当時の武士は、二〇〇年の太平のなかで無能な存在になっていた。彼らに支配者としての自覚を促すために、尊王論《そんのうろん》が強調されたのである。しかし、ここに大きな視点の欠如があった。水戸学は内憂・外患の危機を解消するために、改革を唱えた。その底辺には民衆がいる。それにもかかわらず、「正名論」の段階では、まだ民衆は視野に入っていないのである。

これ以後、水戸学は内憂・外患の危機を解消するために、尊王絶対化の思想を形成していく。そのために、あらゆる学問・思想に学び、総合する努力がなされた。その一方で、基底をなす民衆をいかにとらえるかは、最大の課題となるのである。

三大議と学派の分裂

編纂と改革と

寛政《かんせい》年間（一七八九〜一八〇〇）、立原翠軒《たちはらすいけん》たちは『大日本史《だいにほんし》』の編纂《へんさん》事業に従事した。その一方で、改革のために積極的な発言をした。それはもはや、「身を以《もっ》て国に任ずる」（藤田幽谷《ふじたゆうこく》「宍戸侯御内意愚按之趣書付相窺候《ししどこうごないいぐあんのおもむきかきつけあいうかがいそうろう》」）と評された翠軒一人ではなかった。翠軒の影響下に成長した彰考館《しょうこうかん》の館員に共通した態度になっていた。編纂事業と改革の実践とは、不可分の関係にあったのである。緊張した精神を持した彼らは、志表《しひょう》廃止・書名更改・論賛削除《ろんさんさくじょ》の三大議を展開し、尊王《そんのう》絶対化の思想を形成していった。このとき彼らは光圀《みつくに》の意志を尊重し、論拠とした。編纂事業の再開は、光圀を再認識することでもあった。しかし、彼らの光圀観は、きわめて恣意的《しいてき》なものでしかなかった。

志表廃止

寛政元年（一七八九）夏、翠軒は廃志を提案した。志とは神祇《じんぎ》志・礼儀志・芸文志などの分野別の歴史を扱うものであり、司馬遷《しばせん》の『史記《しき》』以来、紀伝体の中国正史では、これに官僚の一覧表である表とあわせて、伝記である紀伝の歴史的背景を理解するために欠かせないものであった。中国正史の伝統にならって紀伝体を採用した『大日本史』であったが、志表の編纂はほとんど進行しなかった。そこで翠軒は、光圀の意志は紀伝にあるのだから、ほぼ完成している紀伝の公刊を急ぐべきで、志類の編纂は「余事」にしかすぎないと論じて、志表の廃止を提案したのである（「修史始末《しゅうししまつ》」）。それは事業の終了を意味した。

翠軒が何を論拠に、光圀にとって志類の編纂は余事であると判断したかは明らかではないが、意外とあたっているのかもしれない。なぜならば、光圀の時代、志類の編纂はまったくなされなかったが、そのかわり光圀は、『神道集成《しんとうしゅうせい》』・和文の名文集『扶桑拾葉集《ふそうしゅうようしゅう》』・『釈万葉集《しゃくまんようしゅう》』・『礼儀類典《れいぎるいてん》』などの志類に紛わしい諸書を編纂しているからである。

翠軒の提案に弟子の小宮山楓軒《こみやまふうけん》をはじめ、館員の多くは反対した。しかし、藩政府には承認された。財政難の藩政府には、喜ばしい提案であったに違いない。それにしても、なぜ翠軒は紀伝体の体裁《ていさい》を無視してまでも、事業の早期完成、終了を意図したのであろうか。この問題は、水戸学派の論争の端緒となった重要な問題であり、のちに翠軒が失脚する一大原因ともなった。

廃志の理由

それは次のように考えてよいのではないか。さきに述べたように、翠軒は天明七年（一七八七）に天下の三大患の一つに北夷《ほくい》、ロシアの危険性を指摘していた。翠軒の危機感は募る一方であった。寛政元年（一七八九）七月四日に鈴木・富田総裁に宛てた書簡では、蝦夷地《えぞち》のことを述べて、「筆研の間を事とする時節にも無㆑之《これなき》哉と被㆑存《ぞんぜられ》候」と書いている。また、寛政四年（一七九二）のロシア使節ラクスマンの来航にさいして、水戸藩は翠軒の弟子の木村謙次《きむらけんじ》と武石民蔵《たけいしたみぞう》を蝦夷地の調査に派遣したが、これは翠軒の意見によったといわれる。翠軒はロシアの危険性を強く周辺に説いた。そのために強力な改革を求めたのである。危機感を募らせた翠軒は、有能な士である彰考館員が、いつまでも晏然《あんぜん》として編纂事業に従事していられる時代ではないと考えたのである。

朝廷工作

翠軒は寛政十一年（一七九九）の光圀百年遠忌《おんき》をめざして、紀伝の完成を急いだ。しかし、『大日本史』の公刊のためには、朝廷献上が前期以来の課題として残されていた。尊王の書『大日本史』が、朝廷に受け入れられない事態は避けなければならなかった。そこで翠軒は、寛政元年秋ころから、京都の国学者藤井貞幹《ふじいさだもと》を介して、朝廷のなかでもっとも有職故実《ゆうそくこじつ》に優れていた裏松光世《うらまつみつよ》に、『大日本史』の校訂と朝廷献上の斡旋《あっせん》を依頼した。裏松は当時、再建中であった内裏《だいり》造営を担当していたので多忙であったが、承諾した。裏松はほかの公卿とも相談した。

献上にあたって問題になった点は、北朝五主を後小松《ごこまつ》紀の首に掲げているかの確認であった。南朝正統論は不採用の理由にはならなかった。裏松自身、かつて南朝正統論のために献上できなかったことを、「遺恨《いこん》」に思っていたのである。このころになると、南朝正統論を掲げた『大日本史』は、尊王の書として天皇崇拝を高める書と認識されるようになっていたからであろう。寛政三年（一七九一）三月十九日の翠軒宛書簡に藤井は、朝廷献上の細かい相談のために、裏松が上京するように要請していると、翠軒に上京を促した。

翠軒が上京したのは、寛政七年（一七九五）三月である。上京には弟子の小宮山楓軒・藤田幽谷ら六人が同行した。京都で裏松と藤井に会ったほか、奈良・吉野・高野・和歌山・大坂などを巡覧して、八月に水戸に帰った。しかし、残念ながら上京の結果、献上問題がどう解決されたのか、不明である。私は翠軒がこの後も編纂に励んだ点からみて、内諾は得られたのではないかと推測している。また上京は若い幽谷に、紀伝体の書『大日本史』と朝廷との関係を考えさせる、大きな契機となったのではないかと考えている。

書名更改

寛政九年（一七九七）八月二十九日、江戸にいた幽谷は、水戸で校訂作業に励む同僚に「校正局諸学士に与ふ」を送り、『大日本史』の書名を『史《し》稿《こう》』と改めるように提案した。この論文は書名更改の一大論争を惹起《じゃっき》し、水戸学に尊王絶対化の思想を推進させたものとして高く評価されるが、その論旨は屈折していて、非常にわかりにくいものである。論文執筆の目的は編纂事業の継続、志表の完成にあった。

幽谷は『大日本史』と称すべきでない理由を四つあげた。第一に、国号は日本であって、大日本ではないという点である。幽谷は大日本とは西蕃の尊称であって、日本みずから大日本と称したことはないなど、いろいろと論拠をあげて、ながながとこの論文の三割以上をこの議論で費やしている。しかし、この議論がいかに無内容なものであるかは、たとえば、弟子の会沢正志斎《あいざわせいしさい》が天保四年（一八三三）に著わした「廸彝篇《てきいへん》」のなかで、「古より大日本とも、若《も》しくは大の字を加へず日本とも書けり」と、明言していることから明らかである。

図4　藤田幽谷（郡司彝倫蔵）

第二に、勅命を受けない私撰の書に、国号の日本を書名とするのは体をえないと指摘した。ここには日本は天皇のものであるとの思想が読み取れるが、もう一点、重要な問題が隠されている。

紀伝体の書は、皇帝以下の道徳的に優れた人物を道徳的に評価する書である。それゆえに、最高の道徳性を備えた聖人が作るべき書であった。しかし、聖人はいない。そこで中国では唐以降、皇帝の勅撰《ちょくせん》になった。したがって、日本においては天皇の大権《たいけん》事項と解されなければならない。それにもかかわらず、光圀は紀伝体の書を編纂した。光圀は天皇大権を干犯《かんぱん》したのである。

第三に、王朝交代の易姓革命《えきせいかくめい》のある中国では、前代の国号を書名として国の違いを示したが、建国以来、天照大御神《あまてらすおおみかみ》の子孫が永久に天皇の位につく日本では、その必要はない。日本と命名するのは、異邦人のためなのかと論じた。ここには皇統の絶対性が語られている。その反面、『大日本史《だいにほんし》』が漢文で書かれている理由が忘れられている。光圀が『大日本史』を漢文で書いた理由は、中国語が、学問の分野ではとくに、東アジア世界の共通語だったからである。光圀は外国人にも読める、普遍的な価値のある書をめざしたのである。

第四に、光圀は紀伝・志表が完成してから、書名を朝廷に請う予定であった。それを正徳五年（一七一五）に、『大日本史』と命名してしまった。しかも南北朝期に関しては、当世、諱《い》むべき問題がある。このような問題のある書を公刊する以上、朝廷に奏上《そうじょう》せずに『大日本史』と称するのは、朝廷を蔑《なみ》することになると論じた。そして、結論として『史稿』と改めるべきであるといいつつ、朝廷から書名を賜わることを提案したのである。

ここでも論理は矛盾している。第一、光圀が紀伝・志表の完成を待って、朝廷に書名を請う予定であったとは、史実のうえからは確認できない。むしろさきに指摘したように、光圀は志類を編纂する意志があったかが、問題とされるのである。また、ここで光圀の意志として志表の完成が論及されているのは、この論文の目的が編纂事業の継続、志表の完成にあったことを物語っている。

屈折した論理

それにしても、なぜ『大日本史』と命名することにこだわるのか。朝廷から書名を賜わることを主張するのか。非常に不可解である。その理由は、幽谷の論旨が屈折《くっせつ》しているからである。第二点で指摘したように、論理的には紀伝体の書の編纂は、天皇の大権事項であった。幽谷が本当に求めているものは、編纂事業の朝廷による公認、勅許《ちょっきょ》である。しかし、それを正面から論じては、光圀は処罰の対象となる。それを避けるために、光圀の意志ではない『大日本史』の書名を問題にして、書名の勅許をえることによって、編纂事業が公認されることを望んだのである。

この論文では、日本は天皇のものであり、皇統は無窮《むきゅう》であるなど、尊王論《そんのうろん》が強調された。その反面、普遍的なものの見方が失われていった。尊王絶対化の意味でこの論文が重要なのは、道徳的評価をする紀伝体の書は、天皇大権に属すると認めた点である。道徳的判断は天皇が下すのである。

屈折して論旨不明確な「校正局諸学士に与ふ」が、彰考館に大きな波紋《はもん》をおよぼした理由は、これまでの朝廷献上と違って、『大日本史』編纂事業と朝廷との関係を、屈折しているとはいえ、理論的に明示したからである。また、志表の編纂を光圀の意志としてとらえたからである。衝撃的ではあるが、考え直さなければならない根本的な問題があることを明示することによって、幽谷は同僚たちが『大日本史』の問題点を真摯《しんし》に考察するよう期待したのである。

修史始末

幽谷はつづけて同年十月二十二日に、自論を正当化するために、『大日本史』編纂の歴史をまとめた「修史始末《しゅうししまつ》」を翠軒《すいけん》に提出した。幽谷は挑発的であった。たとえば、寛延二年（一七四九）の紀伝の浄写が終わった記事の後に、つぎのように注記した。「これよりのち、紀伝の書、これを高閣《こうかく》に束《つか》ねるもの、ほとんど五十年。修志の任、名ありて実なし」と。志類の編纂がなされなかった点を指摘しただけではない。以後五〇年近く、紀伝も高閣に置かれたままだったといっているのである。この五〇年云々は、これまで無批判に引用されることが多かったが、寛延二年からあしかけ五〇年といえば、寛政十年（一七九八）にあたる。しかし、「ほとんど」とあるから概数でよい。すなわち、ここで幽谷は、天明六年（一七八六）以来の翠軒の校訂作業を、無視しているのである。編纂事業の継続のために、幽谷は翠軒を執拗に攻め立てたのである。

幽谷は孤立してはいなかった。とくに地理学者として著名な長久保赤水《ながくぼせきすい》の弟子の高橋坦室《たんしつ》とは、緊密に連絡をとりあっていた。しかし、このときの議論はこれ以上には高まらなかった。十一月になって、幽谷は内憂《ないゆう》・外患《がいかん》の危機を強調して、強力に藩政改革を実施するように求めた「丁巳封事《ていしふうじ》」を上呈した。そのなかで幽谷は、財政を論じては「好貨の疾」を繰り返し、人事を論じては「人を用ゐるの失」などと藩主治保《はるもり》を厳しく批判した。そのために、十一月八日に不敬の罪によって、幽谷は役禄召放《めしはなち》に処されたのである。このとき、翠軒は幽谷と絶交した。

翠軒の失脚と立原派の政界進出

寛政十一年（一七九九）十二月六日、光圀百年遠忌《おんき》の日に『大日本史』紀伝浄写本が、光圀の廟《びょう》に献納された。しかし、翠軒はこの式典に参加できなかった。この直前の十月十九日に、久慈郡瑞竜《ずいりゅう》村沼田某の訴訟事件に関係して、翠軒は閉門に処されたためである。以後、治保の信頼は薄らいでいったと伝えられる。逆に幽谷は、十二月九日にふたたび彰考館員に登用された。

紀伝が完成すると、翠軒は彰考館の廃館と館員の外補を望んだ。翠軒は館員が改革の担い手になることを期待したに違いない。これ以後、翠軒門下の水戸学者は改革の実務を担当する職務につくようになる。たとえば、紀伝献納直前の十一月に、一番弟子といわれた小宮山楓軒《こみやまふうけん》が郡奉行《こおりぶぎょう》に就任した。このとき、やはり弟子であった太田村の医師高野昌碩《しょうせき》も郡奉行に登用された。享和元年（一八〇一）十一月には石川慎斎《しんさい》が、同二年三月には岡野蓬原《ほうげん》が郡奉行に就任している。

事業継続の決定

寛政十二年（一八〇〇）から丸三年、今後の方針は示されなかった。その間、幽谷たちは編纂事業の継続のために運動したに違いない。享和二年（一八〇二）十一月十三日に、日記役に転出していた高橋坦室がふたたび館員に登用されると、事態は急速に展開した。十二月七日に小姓頭《こしょうがしら》の渡辺泰が、新設された史館総司に任命され、彰考館の全権を委任された。ただ一人の総裁であった翠軒の権限を奪う措置である。そして、治保は幽谷と坦室を召して、編纂事業に関して直接、二人から事情を聞いた。

翌年一月十六日には、幽谷が志表編纂の頭取《かしらどり》に、坦室が志表編纂にともなう紀伝再訂の頭取に任命された。ここに翠軒の廃志案は完全に否定された。また翠軒が完成させたはずの紀伝も、ふたたび訂正されることになった。幽谷たちはこの決定を、光圀の精神に復古したと歓迎した。

論賛削除

この月、江戸にいた坦室は水戸の彰考館員に、治保の復古の方針を伝える書簡を送った。それは幽谷も承認した内容であった。そのなかで坦室は公命として、論賛《ろんさん》の削除《さくじょ》を伝えた。

論とは、各種列伝の趣旨を記したものである。賛とは、紀伝の本文は史実にもとづいて簡潔に記すが、それを要約的に道徳批判した短文である。いずれも道徳性にもとづく紀伝体には、不可欠なものと考えられていた。ただし、一様に論賛删除というが、とくに問題とされたのは、直接的に人物を批判する賛である。

論賛删除の理由は、つぎのようであった。王朝交代のある中国では、前代の王朝を自由に批判できる。しかし、百王一姓の日本では君臣《くんしん》の分が定まっていて、昔の天皇といえども今の天皇の祖先である。それを忌憚《きたん》なく批判するのはよくないとするのである。論賛删除は、尊王《そんのう》絶対化をさらに一歩進めたものである。天皇は批判の対象にならない、道徳性を超越した存在としてとらえられたのである。

史館動揺

論賛删除の命に翠軒が、どう答えたかは明らかでない。ただ、この点でも翠軒の業績は批判されたことになる。翠軒の紀伝には論賛がついていたからである。翠軒を支持した立原派の人びとは删除に反対した。紀伝体には、あってしかるべきだからである。

翠軒の業績を批判し排除する方針は、二月四日の隠居の命で窮まった。これに抗議して、弟子の桜井竜淵《さくらいりゅうえん》と大竹雲夢《おおたけうんぼう》は連袂《れんけつ》して館を去った。これ以後、翠軒と幽谷の関係は修復できない最悪なものになった。ここに幕末の水戸藩史に暗影を投げかける立原・藤田の学派の分裂が、決定的になったのである。

翠軒は内憂・外患の危機感を抱き、改革のために編纂事業の早期終了、廃志・廃館をめざした。これに対して幽谷は、光圀の意志を問いながら論旨を尖鋭化させて、尊王絶対化の思想を形成していった。こののち、幽谷を支持する藤田派で固められた彰考館において、彼らは『大日本史』の編纂を継続した。『大日本史』は、天皇を中心とした歴史書である。そのために彼らの尊王思想は、いっそう強められたと伝えられる。

これに対して、閑職についた翠軒ら立原派に配慮して、水戸藩は文化八年（一八一一）に、『垂統大記《すいとうたいき》』の編纂を命じた。この書は、徳川家康《とくがわいえやす》とその臣下の伝記集である。天保十年（一八三九）に、小宮山楓軒《こみやまふうけん》によって完成された。かくして立原派は佐幕《さばく》的傾向を強めたと伝えられる。

両派のその後の思想的展開を、右のように跡づけるのは、単純すぎると私には思われるが、尊王を強調した藤田派に対して、立原派の思想的傾向はより穏健なものであったことはたしかである。思想的論争から分裂した両派は、次節以下にみるように、政治的にも対立するのである。

なお論賛の削除（正確には論は大幅修正）が決まり、『大日本史』の書名が勅許されたのは、文化六年（一八〇九）であった。

農政論の展開

内政重視

内憂《ないゆう》・外患《がいかん》の危機感を抱いた水戸学者であったが、内憂こそ根本的な問題とみなしていた。たとえば、藤田幽谷《ふじたゆうこく》は寛政九年（一七九七）に上呈した「丁巳封事《ていしふうじ》」において、当時の日本を肺病に苦しんでいる人にたとえて、「たとへば労瘵羸《ろうさいるい》疾《しっ》の人、呼吸喘息《ぜんそく》し、幸ひに旦夕《たんせき》を延ぶるがごとし。もし一たび外邪のこれに乗ずるあらば、すなはち良医ありといへども、また薬すべからず」と述べている。内政さえ整うならば、外敵にあたれると判断しているのである。内憂の危機は、なんといっても農村荒廃が最大の問題である。したがって、その解決のために寛政以降の水戸藩では、さかんに農政《のうせい》論《ろん》が展開された。このなかから二つの、対照的で注目すべき農政論が出現した。

一つは、水戸学を代表する思想家である藤田幽谷が寛政十一年（一七九九）に著わした

「勧農或問《かんのうわくもん》」である。理論を尖鋭化《せんえいか》させて、尊王絶対化《そんのうぜったいか》の思想を形成させていった幽谷は、その鋭さを改革の方面にも向けていたのである。もう一つは、茨城郡若宮村の出身の父治時以来、二代にわたって郡方《こおりかた》役人を勤め、実績を評価されて寛政九年に士分に取り立てられた坂場流謙《さかばりゅうけん》が著わした「国用秘録《こくようひろく》」である。

「勧農或問」商品経済を否定

幽谷は「勧農或問」において、農村荒廃をもたらした原因を、徳川光《みつ》圀《くに》死亡の元禄十三年（一七〇〇）以降、水戸藩が重税を厳しく取り立てた点と、農民の生活が贅沢《ぜいたく》になった点に求めている。そして、幽谷は勧農の政治を妨げる五弊《ごへい》をあげて論じた。その順序は、侈惰《しだ》・兼併《けんぺい》・力役《りきえき》・横斂《おうれん》・煩擾《はんじょう》である。幽谷は藩よりも農民の側に、より根本的な弊害を認めていたのである。

侈惰の弊とは、金さえあればどのようなこともできる世界になったので、「民のおごりて且《かつ》わうちやく（横着）をすること」である。貨幣経済が発展したために、農民が贅沢になって勤勉でなくなった点に、第一の問題を認めたのである。幽谷は農民に激しい不信感を抱いていたのである。さらに幽谷は、今日、考えられる以上に水戸藩領における、商品経済の発展を描き出している。

五弊の第二の兼併地主は、負高《うぶいだか》といって貧農から公定よりも広い面積で田畑を買い集めたものである。しかし、彼らも日雇《ひやとい》銭の高騰のために経営の危機に陥り、基盤を商業に移すようになっていると指摘する。負高は、年貢負担を不公平にしたので、残った公定より狭い面積の田畑をもった貧農が破産する原因となった。また残った勤勉な農民も、年貢の安い田畑しか耕さないという弊害を生じさせた。

さらに幽谷はこの田畑の乱れは畑方《はたかた》に多く、畑方では検地帳《けんちちょう》と一致するのがまれなほどであると指摘する。そのうえ、畑方では普通考えるように、自給作物を作っているのではなく、換金性の高い商品作物を作っているとみなしている。とくに江戸に近い潮来《いたこ》領では、高《たか》三、四石（五反歩程）の田畑しかもたないのに、「家居を美麗《びれい》にし、数百金をたくはへる者多しといふ。尤《もっとも》なる事也」と慨嘆《がいたん》している。

水戸藩領の商品経済の発展を描き出した幽谷であったが、幽谷はそれに対して否定的であった。もちろん商品生産そのものを、ただちに否定しないが、それは藩祖徳川頼房《よりふさ》・光圀《みつくに》の時代に完備したと認める。したがって、「元禄已前《いぜん》の旧法を修め、威義《いぎ》二公（頼房と光圀の謚号《しごう》）を規矩《きく》として」改革を実施すれば、成功すると説いた。幽谷は明らかに元禄以降の商品経済の発展を否定して、十七世紀の自給自足的な農村に帰すことによって、農村を復興させようと提案したのである。

不正な年貢

つづいて幽谷は藩へも批判を加える。第三の力役とは、賦役《ぶえき》負担の過重さである。第四の横斂とは、近世は石高制《こくだかせい》なので畑方も生産高を米で表示していた。しかし、畑に米はできないので金納であった。その換算率は寛永以降（一六三〇年代ごろ）、二石《こく》五斗《と》一両に固定した。当時は一石一両程度であったから、かなり安かったのである。この差を埋めるために、十七世紀から水戸藩では、畑方年貢のうちから別立てにして、大豆・稗《ひえ》・荏《え》の三雑穀《さんざっこく》を現物納とした。そして、秋の相場の安いときに上納させ、春の高いときに藩が農民に売り渡すかたちにして、相場は藩が適当に決め、利鞘《りざや》を稼いでいたのである。三雑穀切《き》り返《かえ》し法《ほう》という。このために四〇％の年貢率でも、五十三、四％になったと幽谷は指摘している。幽谷はこの制度を不正で過酷《かこく》であると強く批判し、廃止して相場どおりの値段に改めるべきだと強調した。第五の煩擾は、農村支配が瑣末《さまつ》なことばかりに流れているとの指摘である。

右のように問題点を指摘した幽谷は、つづいて改革案を提示するが、五弊の順序は逆になる。それは農民に不信を抱いていた幽谷の思想において、教化とは「地官郷吏の治め方」との考え方に裏付けられていた。幽谷は徂徠学的《そらいがく》に民衆の教化とは、権力による支配そのものと考えていたのである。

幽谷の改革案を要約的に示せば、第一に藩が改革の姿勢を明示して、人材を登用することである。つぎに三雑穀切り返し法を廃止して、畑方の換算率を当時の相場に見合った額に改正することである。そして賦役《ぶえき》を軽減し、検地を実施して年貢負担の不公平を解消し、時期をみて限田制《げんでんせい》を実施するのである。このうえに侈惰《しだ》を禁じるために、商業を賤《いやし》んで農民の身分を高めることを論じたのである。

幽谷は農民に不信を抱いていた。そして、幕藩体制の原則に忠実で、農村の発展する方向、商品経済の発展には否定的であった。この幽谷の「勧農或問《かんのうわくもん》」と対照的なのが、坂場《さかば》流謙《りゅうけん》の「国用秘録《こくようひろく》」である。

「国用秘録」商品生産を推奨

流謙の農政論には、郡方《こおりかた》役人としての豊富な実体験が生かされている。流謙の農村をみる眼には、「其地に不応年貢取る哉。又法外の下《か》免《めん》（年貢の軽いこと）なる哉。此《この》村の貧窮奢侈《ひんきゅうしゃし》、懶惰《らんだ》より起れるや。産物なくして貧に至れるや。秣場《まぐさば》なくして作物取実《とりみ》少きや」と、一村一村こまかく荒廃の原因をさぐろうとする姿勢がある。そのうえ、流謙は寛政十一年（一七九九）に、先進地帯である畿内近国などの諸国産物調査に赴き、水戸藩と全国各地を比較できるようになっていた。流謙は、商品経済の発展した先進地帯では、水戸藩領と違ってその地に相応した産物があるので富農が多く、荒廃していないことを理解していた。流謙はその地にあった日常的に大量に消費されるものを、産物としてもつことを説くのである。

流謙は水戸藩領の商品生産の少なさを、具体的に数字をあげて指摘する。それによれば、水戸藩領の商品生産は全体で一〇万両であり、農家一軒あたり一両一、二分で、これでは上方《かみがた》のように経営のたすけにはならないと論じた。そのうえ、煙草《たばこ》のような水戸藩領の代表的な特産物に対しても、批判的であった。なぜならば、煙草の場合、労働力をとられて自給食料の不足をきたし、貧窮の原因となっていたからである。

流謙は、水戸藩領において産物を導入し、農村を豊かにすることは可能と考えた。水戸は大消費都市江戸に近いからである。具体的な成案としては、主として養蚕《ようさん》と植林であった。養蚕に関しては、領内六万軒のうち一万軒は漁村なのでできないが、残り五万軒で一軒五両なら全体で二五万両、一〇両なら五〇万両になり、豊かになると計算している。また、植林といっても杉や檜《ひのき》のような良材を説いたばかりではなかった。薪炭《しんたん》材の櫟《くぬぎ》に着目した。薪炭は当時、最大のエネルギー源であり、一〇〇万都市江戸を擁した関東では、厖《ぼう》大《だい》な需要があった。流謙は江戸に近い水戸藩領における、薪炭材の利を説いたのである。

現実重視

流謙は幕藩体制の原則と違って、商品経済の発展を説いた。そうした流謙の思想は、「良法を立るといへども、万物万事非レ在二法之中一《ほうのなかにあるにあらず》とて、法計《ばかり》あてにしてハならず」との考え方に裏付けられていた。流謙は原則的な視点ではなく、現実を維持しているものを重視したのである。

たとえば、幽谷は三雑穀切り返し法を痛罵《つうば》して、畑方二石五斗一両の換算率を、当時の相場に見合った額に修正するように論じたが、流謙は違っていた。流謙は三雑穀の負担は、畑高一〇〇石につき二両二分ほどであるが、これを免除しても救いにならないと論じた。ここで流謙は二両二分、取り上げている現実を無視しているかのようである。しかし、その根底には畑方二石五斗一両の換算率がある。

流謙は注目すべき指摘をしている。畑方は検地が緩かったのと、二石五斗一両の安い換算率のおかげで、実質的に一〇分の一か二〇分の一の年貢しか納めていないというのである。流謙は二石五斗一両の換算率を相応と認める。三雑穀切り返し法は、固定化した二石五斗一両の換算率に対して、畑方の収奪を強化するためにあみだされた便法であった。両者は不可分の関係にある。三雑穀切り返し法が廃止され、同時に二石五斗一両の換算率も当時の相場どおりに改正されたならば、畑方は大幅な増徴となり、農村は維持できなくなると、流謙は憂慮していたのである。

農村を維持している現実を重視した流謙は、一方において限田制を理想としたが、それは検地を前提にしなかった。検地は年貢増徴につながりやすかった。また、そのために農民の一揆を誘発しかねなかった。そこで流謙は時間をかけて、富農が衰えたときに役所が貧しい農民に田畑を買わせるよう指導すればよいと、提案している。流謙は制度的な原則ではなく、現実のなかから着実に運用していこうとしたのである。

図5　小宮山楓軒（郡司彝倫蔵）

両派の農政論

寛政十一年（一七九九）十一月、立原派の小宮山楓軒《こみやまふうけん》は、もっとも荒廃の激しい一三村を復興させるべく郡奉行《こおりぶぎょう》に任命された。このとき、流謙は楓軒を説得した。楓軒は、「初めは読書かたぎにて、金銭は賤しきものと思はれ、姑《しばら》く猶予《ゆうよ》せられけれども、後々にはいよ〳〵此《これ》に非れば事は成《じょう》就《じゅ》し難《がた》しと感悟《かんご》」（「清慎録」）した。流謙は楓軒のブレーンとなって働いた。制度的な原則にとらわれず、現実を維持しているものを重視し、商品経済を発展させようとする流謙の農政論は、立原派の政策として採用されたのである。これに対して、立原派と対立した藤田派の農政論は、「勧農或問」にみたように、幕藩体制の原則を重視し、農民に不信を抱き、自給自足的な農村に帰そうとするものであった。つぎの化政期は、両派がともに改革にあたったときである。このあまりに対照的な両派の農政論は、改革の実践をとおして、その真価が問われたのである。

化政改革

本格的な政革

天明《てんめい》の大飢饉《だいききん》後の極端に荒廃した領内農村をまえに、水戸藩が本格的に農村復興のために改革を実施したのは、寛政十一年（一七九九）四月からである。このとき、藩主治保《はるもり》は弟の付家老《つけがろう》中山信敬《のぶたか》を水戸に派遣して、改革にあたらせた。内憂《ないゆう》の危機を解消するためには、荒廃した農村を復興させなければならなかった。改革には、立原《たちはら》派・藤田《ふじた》派ともに参加した。両派は独自の対照的な農政論を有していた。両派は、その農政論の正しさを実証すべく農村荒廃と取り組み、競い合った。

寛政十一年（一七九九）八月、水戸藩は代官《だいかん》を廃止した。これ以前の水戸藩は、藩の直轄地である蔵入地《くらいりち》の年貢収納にあたる代官と、農政一般を扱う郡奉行《こおりぶぎょう》との、二重の農村支配であった。同年十一月には、小宮山楓軒《こみやまふうけん》と高野昌碩《しょうせき》を郡奉行に登用し、南郡と武茂《むも》郡

表1　水戸藩人口動態

年代（西暦）	人　　口
享保5年(1720)	307,064人
享保11年(1726)	318,475人
延享4年(1747)	275,820人
宝暦6年(1756)	273,493人
天明6年(1786)	230,758人
寛政10年(1798)	229,185人
文化元年(1804)	223,635人
文政5年(1822)	227,732人
文政11年(1828)	227,403人
天保5年(1834)	242,939人
元治元年(1864)	274,908人 (244,908カ)

『水戸市史』中巻(一)より。

のうちから、荒廃のもっとも激しい一三村と一一村を別に担当させた。翌年十二月には、執政級の重臣にそれぞれ一人一郡あて、直接参与させた。

　享和元年（一八〇一）には四郡制から七郡制に改められた。翌二年には一一郡制になった。四郡制から一一郡制に改められた理由は、管下農村の数を減らして、きめこまかな農政を期待したからである。郡奉行は、水戸に隣接した常葉《ときわ》と浜田の二郡以外は、現地在任であった。このとき治保は郡奉行に、「収納等の義、俄《にわか》ニ相増申候義を不ニ心掛《こころがけず》一、自然ト人物も相増、作徳《さくとく》も多、荒地も開申候段ニ至り候て、収納辻も相加申候ハヽ、誠ニ可レ然《しかるべき》事ニ候」と、長期的な展望のもとに農村復興をはかれと命じた。

　水戸藩の化政改革《かせいのかいかく》は一定の成果を収めた。それを端的に示すのが人口動態である。一般に常陸《ひたち》のみならず隣接した下総《しもうさ》・下野《しもつけ》においても、享保（一七二〇年代ごろ）以降、荒廃化のために人口が減少するが、最低となるのは天保五年（一八三四）である。これに対して表1にみるように、水戸藩領の人口がもっとも減少するのは、文化元年（一八〇四）

なのである。

それでは対照的な農政論を有した立原派と藤田派はこの改革で、どのような成果をあげたのであろうか。つぎに小宮山楓軒と藤田幽谷《ゆうこく》の施策を、具体例をとおして検証しよう。

現実重視の楓軒

楓軒は寛政十一年（一七九九）十一月に郡奉行に任命されると、任地となった紅葉《もみじ》村（現鹿島郡鉾田《ほこた》町紅葉）に赴任した。楓軒は以後、文政三年（一八二〇）六月の離任まで、この地にいて復興に努めた。この間、享和二年（一八〇二）の郡制改正によって、管下農村は一三から五六にふえた。川戸《かわど》村（現東茨城郡小川町川戸）はその一つである。

楓軒の管下に入ったころの川戸村は、荒廃の激しい村であった。六〇〇石ほどの村高のうち、一八〇石は荒地であり、一四〇石はいなくなってしまった農家の分である潰《つぶれ》人分《にん》であった。人口は一七〇人しかいないのに、これらの分の負担もおわされて、亡村の危機といわれたほどであった。

赴任した楓軒は、よく巡村して村役人に協力を求めた。また人びとからよく話を聞き、一村一村の荒廃した理由を詳細に知ったと伝えられる。さらに楓軒は、村々から諸帳面を取り寄せて、それを点検した。このことを川戸村の具体例でみると、文化七年（一八一〇）の人別帳《にんべつちょう》になってはじめて、絶家《ぜつけ》になった分を整理し、組割が明記された。また、

表２　川戸村田方年貢割付対照

種類		享和２年		享和３年　皆定免	
		年貢率	高	年貢率	高
引高			155石238		1石344
川戸分	田方	39%	96石033	30%	127石072
川戸分	沼田分	34%	20石553	26%	24石470
川戸分	無主分	20%	4石938	16%	5石243
川戸分	荒地分			3%	73石133
川戸分	開発分	5%	0石220	12%	11石276
成山分	田方	42%	85石657	32%	99石747
成山分	悪所分	37%	14石344	27%	21石160
成山分	無主分	23%	0石474	19%	2石424
成山分	荒地分			3%	22石644
成山分	開発分	12%	10石458	12%	0石270
成山分	開発分	10%	0石868		

石川三郎家文書「年貢割付状」より作成。なお川戸村は元禄10年(1697)まで川戸・成山の２村であったので，天保の検地まで川戸・成山併記の形式をとっている。

文化十一年からは年貢《ねんぐ》小割付帳《こわりつけちょう》の記載が改正された。絶家分を含めて、毎年、慣習的にまったく同様に記していたのを改めて、絶家分を末尾にまとめて、現実に耕作している農家を正確に記すように改めた。たしかに楓軒は、きめこまかな農政を実施したのである。

年貢改正

楓軒の管下に川戸村が入ると、田方《たかた》の年貢割付の仕方が大幅に改められた。表２に享和二年（一八〇二）と三年の田方の割付を対照して示した。川戸村では、畑方は天明二年（一七八二）以来、田方は寛政二年（一七九〇）以来、悪所《あくしょ》分や無主《むしゅ》分を認めて、年貢を低く賦課するようになった。しかも、享和二年までは検見《けみ》を実施して、ほぼ毎年百数十石以上も引いていた。これに対して、三年以降は定免制《じょうめんせい》が採用されて、新たに九五石余の荒地分が設定され、三％の年貢が賦課された。これは一見、復興策としては矛盾するようである。しかし、労働力不足による荒廃であるかぎり、再開発は可能であり、実際にそれほど年貢は賦課できないとしても、ある程度は耕作されていたのであろう。三％の低い年貢を賦課したことは、かえって農民の意欲を高めたのである。

また以前からあった項目の高は増加しているが、年貢率は開発分を除いて大幅に減少している。しかし、両年の年貢を計算すると、享和二年（一八〇二）は八八石余、三年は八七石余と大差がない。荒地分に三％の年貢を賦課したからである。しかし、寛政年間には最大で一〇五石余の年貢を取っていたから、楓軒は期待できる年貢高の年であった享和二年を規準にして、割替《わりかえ》をしたのである。

楓軒は定免制を採用して、増徴にならない無理のない年貢高を設定し、取れるところから年貢を取ったのである。ただし、不作の年には破免《はめん》にして、年貢を軽くしている。

商品生産の奨励

ところで、この地域は十七世紀以来、薪炭《しんたん》を生産していた。これを積極的に育成し、この地域を薪炭の大生産地帯にしたのは楓軒であった。

楓軒は藩有林の御立山《おたてやま》には松を、百姓持ちの分付山《ぶんつけやま》には櫟《くぬぎ》を植えさせた。分付山に植えた櫟によって、村々は成木となる一〇年ごとに二〇両、三〇両という収入を得るようになったと伝えられる。これは植付面積が増大することによって、毎年のことになった。川戸村には明治初年の物産取調が二冊残されている。その薪真木の項目には、明治六年（一八七三）の分には二万束二六円、年欠の分には二万束二〇円と記されている。一見少ないようであるが、この時期の川戸村の畑方年貢は、一四円七四銭であるから、薪炭の生産は川戸村においてたしかな地位を占めていたのである。楓軒は江戸に近い、霞ケ浦《かすみがうら》の舟運を利用できるこの地域にふさわしい商品生産を開発したのであった。

商品経済の発展に留意した楓軒は、金融にも留意した。楓軒は他領の商人に役所金を貸して数万両の大金を得、十分に農民を救った。また農間に縄・蓆《むしろ》・苫《とま》など、その土地にあった産物を作らせた。それを役所金で買い上げ、それを売って利潤を得て、管下農村に融資した。それはのちには利息を下げて、村入用《むらにゅうよう》の補いにするまでになったと伝えられる。川戸村の「村補金発端」によると、文化十一年（一八一四）には六〇両三分余も藩からの拝借金があった。そこで、利息を下げてもらった。さらに翌年には、三六両一分余の下げ渡し金を得た。これを運用した結果、文政六年（一八二三）までに八〇両余になり、利息で藩から借りた稗《ひえ》を買い、残りは村で配当するまでになった。

楓軒は川戸村にみたように、きめこまかな配慮をし、その土地にあった産物を興し、金融にも留意して紅葉郡の農村を復興させた。このほかに楓軒の特筆すべき施策としては、農民のために水戸藩ではじめて郷校を開設したことがあげられる。楓軒の業績は高く評価された。天保改革では、徳川斉昭《なりあき》に重用されて、側用人《そばようにん》にまで出世するのである。

郡奉行幽谷

幽谷は文化五年（一八〇八）から九年にかけて、紅葉郡の北、水戸に隣接した浜田郡の郡奉行になった。郡奉行所は水戸にあった。

表3に幽谷の管下にあった石川村（現水戸市元石川）の寛政十一年（一七九九）・文化七年（一八一〇）・同十一年の年貢割付を示した。これをみると、幽谷が郡奉行になる以前に、石川村の年貢割付は詳細なものになっていた。このうち文化七年の引高《ひきだか》・手余《てあまり》・荒地分をみると、五四八石余のうち一五一石余になる。石川村にはこのほかに一一一石余の新田がある。新田のうち引高・手余・荒地分は一〇二石余である。石川村は、田畑の実に三八・四％が荒廃化していた。そのうえ、田方の手余分などの減免地をみると、この間に漸増している。石川村では依然として荒廃が進行しているのである。それにもかかわらず、幽谷は年貢割付をほとんど変更しなかった。それどころか、畑方の本郷分と各免分とは、かえって年貢率が上昇している。なぜ、このような事態に陥ったのであろうか。

幽谷は離任した文化九年（一八一二）の意見書に、全領で荒廃は進行しているが、とくに城下近くの農村はひどいと指摘している。つづけて幽谷は、その理由は会計を担当する

表3　石川村年貢対照

種　　　類	年貢率	寛政11年	文化7年	文化11年
引　　　高		25石664	25石664	27石958
田方　本郷分	46%	181石702	163石959	161石727
田方　定免	38%	4石915	4石915	4石915
田方　定免	34%	14石336	17石434	17石434
田方　定免	29%	9石391	14石414	14石407
田方　定免	21%	17石492	21石988	25石058
田方　手余定免	18%	61石012	66石138	70石298
田方　開発定免	16%	2石554	2石554	2石554
田方　荒地定免	3%	19石888	19石888	19石888
田方　立帰定免	23%	0石294	0石294	
田方　立帰定免	21%	2石831	2石831	
田方　手余定免	17%	4石160	4石160	
畑方　本郷分	右各年に	41% 136石267	51% 136石267	51% 136石267
畑方　手余定免	25%	5石629	5石629	5石629
畑方　悪所定免	15%	10石179	10石179	10石179
畑方　荒地定免	8%	22石941	22石941	22石941
畑方　各免	右各年に	37% 18石900	42% 18石900	42% 18石900
畑方　手余各免土免	20%	0石804	0石804	0石804
畑方　悪所各免土免	12%	2石703	2石703	2石703
畑方　荒地各免土免	8%	6石674	6石674	6石674

水戸市元石川＝手子后神社文書「年貢割付状」より作成。

大吟味役《だいぎんみやく》が藩主との間に介在して、せっかく藩主が年貢を軽減しても、それだけの効果があがらない。かえって大吟味役はそれを口実にして御救《おすくい》を無益と唱えて、天災で農民が難渋しても、年貢を減免することを妨害する。そのために農民はますます困窮するのだと述べている。幽谷は大吟味役の増徴要求を拒否できなかったのである。

幽谷の主張をそのまま認めることはできない。なぜならば、楓軒は年貢を軽減したからである。この差はどこから生じたのであろうか。おそらく幽谷が農村の実情を詳細にとらえなかったために、大吟味役を納得させることができなかったのである。

商品生産の無理解

それにしてもなぜ、石川村では田方ではなく、畑方の年貢が増徴されたのであろうか。それは、つぎのように考えられる。石川村は水戸近くの丘陵地にある村として、十七世紀以来、水戸や海辺に薪炭《しんたん》を売っていた。この豊かさのために以前から年貢が高かった。このときの畑方の増徴も、この現金収入を見込んでのこととみなせる。しかし、この当時、石川村の農民が藩から伐採を許可されていた山は、伐り尽されていた。そこで文化八年（一八一一）一月に村民は代地願いを提出した。この願いに幽谷がどう答えたかは不明である。しかし、代地が渡されたのは天保三年（一八三二）であるから、幽谷は取り上げなかったといえる。なぜ幽谷は取り上げなかったのか。それは、商品生産に対する理解がなかったためといって、過言ではない。

図6　川瀬七郎右衛門教徳（郡司彜倫蔵）

幽谷の反省

文化年間（一八〇四〜一七）になると、改革の最重要施策として、幽谷は検地の実施を強調した。藩政府の年貢増徴を拒否できず、農村を復興させることが困難になると、ますます検地の実施を強調した。ほかの郡《こおり》奉行《ぶぎょう》に反対された幽谷は、浜田一郡だけでも実施しようとし、そのために郡奉行を退役させられたと伝えられる。

検地の実施は困難な問題であった。幽谷自身、文政二年（一八一九）の意見書において反省している。もちろん、そこにおいても幽谷は検地を「永久邦本を固め」るものと重視しているが、そのためには荒廃の「病源幷《ならび》に療治の手段、明白に相分り居り不レ申《もうさず》候ては空論」と再認識するようになっている。そして、「読レ書《しよをよみ》頗《すこぶる》通二古今一《ここんにつうじ》候人にても、理窟つめ計《ばかり》にて」はできないと明言している。当時、水戸藩第一の学者で、寛政年間以来、理論的な農政論を展開したのは幽谷であった。

郡奉行退任後の幽谷は、その性急な農政論を反省しているのである。幽谷がこのような態度をとるようになった理由は、郡奉行としての失敗と、一方における楓軒の治績があげられる。幽谷の文化九年（一八一二）の意見書には、「是《これ》にても随分目出度様《めでたきよう》に取扱振有《これ》レ之《あり》候才子も可レ有二御座《ござあるべく》一候へ共《ども》、私如《ごと》き愚鈍にては決而《て》出来不レ申《もうさず》候事と覚悟仕《つかまつり》候」と述べられている。幽谷は楓軒の実績を、評価しなければならなかったのである。

両派の協力

立原《たちはら》派と藤田《ふじた》派は対立する一方で、改革を阻《はば》む勢力、門閥保守《もんばつほしゅ》派には協力してあたった。水戸藩の化政改革は、第七代藩主治紀《はるとし》が文化十三年（一八一六）閏八月に死亡すると、振わなくなった。第八代藩主斉脩《なりのぶ》は病弱のために、藩政を重臣たちに委ねたからである。改革政治が退潮する雰囲気のなか、両派は協力して抵抗した。たとえば、文政元年（一八一八）六、七月に、立原派の郡奉行酒井《さかい》喜昌と藤田派の郡奉行川瀬《かわせ》教徳は、ともに執政《しっせい》と争い、ともに左遷《させん》させられた。そして、文政三年六月十九日には、ついに当時の七人の郡奉行が全員、左遷させられてしまった。ここに水戸藩の化政改革は挫折《ざせつ》したのである。

会沢正志斎と「新論」

会沢正志斎の履歴と学問

会沢正志斎《あいざわせいしさい》とその主著「新論《しんろん》」とは、水戸学のもっとも代表的な学者であり、著作であると評価されている。それどころか、正志斎の「新論」が水戸学であると認められていると思われるほどである。

水戸学上の地位

正志斎が水戸学を代表する学者であることは、幕末以来の一般的常識であった。たとえば、弘道館《こうどうかん》教授頭取《かしらどり》であった青山佩弦斎《はいげんさい》は、正志斎の碑文を書いている。そのなかで、つぎのように略述している。正志斎の師の幽谷《ゆうこく》の志は経世《けいせい》、政治・経済にあって、著作の暇がなかった。晩年、著作をしようとしたが死亡した。息子の東湖《とうこ》は、よくその志を継いだけれども、中道《ちゅうどう》で死亡した。正志斎は深く悲しんで、著作に努めた。幽谷の豪邁《ごうまい》さがなかったならば、水戸学は開けなかったであろうし、正志斎の篤学《とくがく》がなかったならば、水戸学が広まることもなかったであろう、と。もちろん佩弦斎が称揚する正志斎の著作とは、なによりも「新論」である。

しかし、右のような水戸学における正志斎のとらえ方は、正しいであろうか。幕末以降、「新論」が大きな影響力をもったことはたしかである。本章では、その内容と意義を明らかにするが、そのためにまず、正志斎の履歴と学問を振り返ってみよう。

図7　会沢正志斎（郡司彝倫蔵）

初期の履歴

水戸学の学者は、下士《かし》や民間出身のものがほとんどであった。

正志斎はその典型である。正志斎の家は、藩祖《はんそ》頼房《よりふさ》の時代に久慈郡諸沢《もろさわ》村から水戸に来て、餌指《えざし》となって藩に仕えた。祖父昌隆は郡方《こおりかた》の下《した》役《やく》になり、父恭敬になってはじめて、享和三年（一八〇三）七月に士分に取り立てられた。

中間《ちゅうげん》の子として貧しい家庭に育った正志斎であったが、勉学に励んだ。才能が認められて、寺門《てらかど》謹「会沢先生行実《あいざわせんせいぎょうじつ》」によれば、十八歳の寛政十一年（一七九九）に彰考館《しょうこうかん》の写字生《しゃじせい》になった。水戸藩の家臣の系譜を収めた『水府系纂《すいふけいさん》』では、それ以前は不明であるが、二十二歳の享和三年（一八〇三）閏一月に彰考館の物書となった。正志斎は父よりも半年はやく、士分に取り立てられたのである。

その後、学者として順調に出世した。文化元年（一八〇四）八月には、『大日本史《だいにほんし》』の編纂《へんさん》にあたる地位についた。同四年十一月には諸公子の侍読《じどく》を兼務した。正志斎は子供ころの徳川斉昭《なりあき》たちの教育係になったのである。文政六年（一八二三）十二月には、総裁であった幽谷の江戸在番中は代役を勤めることになり、同九年十二月の幽谷死亡後は正式に総裁代役になった。

人物

順調に出世した正志斎であったが、文政十二年（一八二九）五月に彰考館を免職になった。これは、文政五年十二月に総裁川口長孺《ちょうじゅ》が古器を買って藩主に進呈したのだが、代金を払わなかったために罷免された。しかし、才能を惜んだ藩は、十年八月に川口を総裁に復職させたので、それに抗議して正志斎は辞職したのである。正志斎は水戸学者らしく、潔癖《けっぺき》な人柄であったのである。この事件はつづいて、藤田《ふじた》東湖《とうこ》が総裁青山拙斎《あおやませっさい》に水戸学の代表的な文献となる「青山総裁に与ふる書」を書いて、激しく抗議した。

この事件が解決しないうちに、一大事件が発生した。次章に述べる斉昭《なりあき》襲封問題《しゅうふうもんだい》である。正志斎も斉昭擁立のために、国禁《こくきん》を犯して江戸に上《のぼ》った。このために一時逼塞《ひっそく》に処されたが、天保元年（一八三〇）四月には郡奉行《こおりぶぎょう》に抜擢《ばってき》され、はじめて政治に関与した。翌年一月には斉昭側近の御用調役《ごようしらべやく》に進む。だが、同年十月には総裁となって彰考館に戻った。これは次章に述べる東藩文献志事件《とうはんぶんけんしじけん》に巻き込まれ、朋党を結んだと糾弾《きゅうだん》されたためである。

この事件で藤田派は窮地に立たされた。それにもかかわらず、幽谷の弟子の一人であった飛田子健《とびたしけん》は、正志斎の左遷を、「庸俗《ようぞく》唱して曰《いわ》く、儒生・学士、世事に通ぜず。老兄（子健のこと）、和して曰く、中興非常の務め、もとより伯民《はくみん》（正志斎の字《あざな》）の長ずる所にあらず」と述べて肯定した。これに対して東湖は、この子健の正志斎評は否定せずに、そうした問題ではないとの反論の書を子健に送った。正志斎は政治には向かない、学者肌の人だったのである。また東湖は、天保十年（一八三九）ころに弘道館《こうどうかん》教授の人選を論じた意見書のなかで、正志斎の欠点を「何歟《か》、こせこせいたし居」ると指摘している。正志斎は、学者にありがちな細事にこだわる、神経質な人だったのである。

図8　青山延于拙斎
（郡司彝倫蔵）

後期の履歴

以後の正志斎は学者として遇せられる。天保十一年（一八四〇）四月からは弘道館教授頭取《かしらどり》になる。弘化元年（一八四四）五月の改革挫折後は、藤田派の重鎮《じゅうちん》として弾圧された。同二年三月には隠居となり、さらに同三年一月から嘉永二年（一八四九）四月までの三年余は、監禁生活を余儀なくされた。しかし、嘉永六年六月のペリー来航後の改革派の復権とともに、正志斎の地位も元にもどった。安政二年（一八五五）二月には、正式に教授頭取に復職した。それどころか、八月十五日には学問的業績を評価されて、将軍に謁見《えっけん》する栄誉に浴したのである。文久三年（一八六三）七月十四日に、八十二歳の高齢で死亡した。

学　問

危機感のもと、政治と深く関わりながら論理を展開させた水戸学であったが、正志斎はあくまで学者、より正確には儒者《じゅしゃ》であったのであって、けっして政治家ではなかった。諸学を総合して新しい尊王攘夷《そんのうじょうい》思想を築こうとした学者であった。それは、どのような学問であったのであろうか。

弘化四年（一八四七）、正志斎は幽谷の学問を継承した自己の学問について記した「下学邇言《かがくじげん》」を著わした。嘉永三年（一八五〇）には、幽谷の学問を回想した「及門遺範《きゅうもんいはん》」を著わした。両著において正志斎は、自分たちの学問の系譜を簡潔にまとめている。「及門遺範」によれば、中国では、漢儒《かんじゅ》の訓詁《くんこ》の学・宋儒の躬行心術《きゅうこうしんじゅつ》の説・陳同甫《ちんどうほ》・王《おう》陽明《ようめい》・明清の考証学《こうしょうがく》をあげ、日本では、熊沢蕃山《くまざわばんざん》・山崎闇斎《あんさい》・伊藤仁斎《じんさい》・荻生徂徠《おぎゅうそらい》・新井白石《あらいはくせき》をあげて短評し、「これみな、長あり、短あり。長を取り、聖経《せいけい》を以《もっ》て根拠となさば、その倍《そむ》かざるにちかからん」と結んでいる。折衷《せっちゅう》的な姿勢を示しているが、根拠とするのは聖経であると、古学《こがく》を基本としていることが読み取れる。

一方、「下学邇言」では折衷的態度は同じであるが、微妙に違っている。まずは取り上げた人物と学派が違っている。中国では、漢儒の訓詁と唐人の詞章《ししょう》は一言述べただけで、つぎに宋儒と王陽明を取り上げている。日本では、藤原惺窩《ふじわらのせいか》と林羅山《らざん》から儒学が起こり、陽明学の熊沢蕃山、「後儒の説を疑った」貝原益軒《かいばらえきけん》、「古学を発明して、後人の説と聖経の同異あるを弁じた」伊藤仁斎、「豪邁《ごうまい》の資を以て、大いに古学を唱へ、後儒を排撃」した荻生徂徠、「卓越の才を以て、当世の務を論じた」新井白石を取り上げた。「及門遺範」とのもう一つの違いは、仁斎・徂徠・白石の記述が量的に多い点である。

徂徠学へ傾斜

二書はともに幽谷の学問として語られているのであるが、取り上げた人物と学派が微妙に違っている。それは、幽谷と正志斎との微妙な学問の違いを暗示しているのではないだろうか。たとえば、直接幽谷の学問を語った書「及門遺範」にあった考証学が、幽谷の学問を継承した正志斎の学問を語った書「下学邇言」にないのは、なお歴史編纂《へんさん》に力点を置いていた幽谷に対して、政治問題に集中していった正志斎との差を示しているように思われる。

こうみると、山崎闇斎が脱けて貝原益軒が出てくるのも興味深い。「及門遺範」の闇斎への評は、「節義に磨礪《まれい》し、風教に益あり。然《しか》るに狭隘《きょうあい》、僻説《へきせつ》多し」である。これは朱子学に最高の理解を示し垂加神道《すいかしんとう》を唱えた闇斎を、評価し、批判したものと判断される。これにかえて、「下学邇言」では朱子学に疑問を抱いた益軒を取り上げた。そして、「下学邇言」は右に引用したように、仁斎と徂徠の古学を評価する。「及門遺範」では二人を評価するが、「古学」の表現はない。正志斎は幽谷以上に古学、とくに徂徠学に傾斜しているのである。

徂徠学に大きく傾斜した正志斎であったが、「下学邇言」では政治の学として評価する一方、三点の批判をしている。一つは道徳性を重視しないこと、一つは中国を中華と崇《あが》め、日本を東夷《とうい》と賤《いや》しめたことであるが、ここでは、「道を以て、先王の造るところとなす。典礼《てんれい》の天叙・天秩に出づるを知らず」と批判した点が注目される。徂徠学は道を聖人の制作とし、中国古代王朝を祭祀《さいし》国家ととらえた。これに対して正志斎は、典礼すなわち祭祀を天の秩序にもとづくものと批判したのである。次節以下にのべるように、「新論《しんろん》」は天皇の祭祀を中核として、日本を再編することを提唱した。正志斎の神道論《しんとうろん》は、徂徠学を読みかえることによって成立したのである。

幽谷と正志斎は徂徠学を核心として、多様な学問を折衷して新しい理論を築こうとした。しかし、右にみたのは、みな儒学である。ここで気になるのは、国学《こくがく》がない点である。とくに天皇制を理論的に基礎づけたのは、本居宣長《もとおりのりなが》であった。それにもかかわらず、国学への言及はない。むしろ正志斎は本居学の批判者として活躍するのである。蘭学《らんがく》への言及もない。しかし、彼らは国際情勢を知るために、積極的に蘭学の成果を取り入れた。

正志斎の対外知識

寛政期に水戸学者に危機感を抱かせたのは、ロシアであった。正志斎は二十歳の享和元年（一八〇一）に、千島を南下するロシアの歴史を記した「千島異聞《ちしまいぶん》」を著わした。表4に、そこに記された出典を掲げた。正志斎は、前野良沢《まえのりょうたく》や桂川甫周《かつらがわほしゅう》のような蘭学者の翻訳書、工藤兵助《くどうへいすけ》や林子平《はやししへい》のような警世家《けいせいか》の著作、そして漢籍などによって世界情勢の知識を得ていたのである。

十九世紀になると、イギリスが出現した。イギリスは文化五年（一八〇八）に、長崎でフェートン号事件を起こしただけではなかった。捕鯨のために毎年、日本近海に現われた。とくに常陸沖《ひたちおき》はよい漁場だったので、異国船がしばしば観察された。水戸学者は危機感を深めた。ついに文政七年（一八二四）五月に、水戸藩領の大津浜にイギリス人が薪水《しんすい》を求めて上陸した。

表４　「千島異聞」出典

書　名	著者年代等
泰西輿地図説	朽木昌綱著　寛政元年
魯西亜本紀略	前野良沢訳　寛政５年
蝦夷拾遺	佐藤玄六郎著　天明６年自序
赤蝦夷風説考	工藤兵助著　天明３年
魯西亜志	桂川甫周訳　寛政５年
訂正増訳采覧異言	山村才助著　享和２年
辺要分界図考	近藤守重著　文化元年自序
三国通覧補遺	工藤兵助著　天明６年序
本多氏策論蝦夷拾遺	本多利明著　寛政元年自序
酔古筆記	木村謙次著
蝦夷草紙	最上徳内著　寛政２年
海国兵談	林　子平著　天明６年自序
仙台船魯斉漂流聞書	
和蘭風説書	
和蘭全世界地図書訳	松平定信著
西域聞見録	清　1777年
龍沙紀略	清
職方外記	艾儒略（イタリア人　ジュリオ・アレーニ）著　1623年
坤輿外記	南懐仁（ベルギー人　フェルドナンド・フェルビースト）著
三朝実録	清
会典	明清代の総合法典
八紘訳史	清
乾隆御製文集	清
秋坪新語	清
柬砂葛記	
万国伝信記事	

栗原重幸「『千島異聞』考」（『日本歴史』469号）より。

このとき、正志斎は筆談役として派遣された。正志斎は交渉の記録、「暗《あん》夷《い》問《もん》答《どう》」を著わしている。それによると、はじめロシア人と思った正志斎は、ロシア文字を示した。しかし、イギリス人は読めず、逆にＡＢＣと書いてきた。正志斎はこれはオランダ文字のアベセであると書いている。正志斎はロシア文字やアルファベットを知っていたのである。

しかし、正志斎のイギリスに関する知識は浅かった。イギリス人と知って彼らから地図によって、インドなどの多くの国がイギリス領であることを教えられて、驚いている。正志斎は、日本を「服従セシメント云《いう》ノ意」を感じ取った。正志斎の危機感は、この事件でいっそう増幅されたのである。

「新論」の執筆

この事件の二ヵ月後にイギリス人は薩摩《さつま》の宝島に上陸して、略奪事件を起こした。これらの事件によって外警に対処するために、幕府は翌文政八年（一八二五）二月に、異国船無二念打払令《いこくせんむにねんうちはらいれい》を発布した。近づく外国船は、ただちに砲撃して打ち払えとの命令である。「新論《しんろん》」は、この命令に感激した正志斎が、これを千載一遇《せんざいいちぐう》の好機ととらえて、国家意識を高め、一大改革を断行するために、翌三月に執筆し、藩主斉脩《なりのぶ》に上呈した書である。

「新論」は序文と五論七篇からなる。五論とは、国体・形勢・虜情《りょじょう》・守禦《しゅぎょ》・長計の五章から成り立っているからである。七篇とは、国体が上（国家論）・中（軍制論）・下（経済論）の三節に分かれているからである。

「新論」のもっとも注目すべき点の一つは、国体の用語が、はじめて天皇制的な意味で用いられたことである。しかし、その意味は、皇祖神《こうそしん》が忠孝の教えによって建国して以来、天皇を中心として国家を維持してきたという以上には厳密さはなく、曖昧である。政治と宗教が融合しているからであり、神道《しんとう》に神学的な厳格さがないからである。

用語の厳密さはともかくとして、「新論」は、国体において建国の理念を説き、当時にいたる歴史的展開を論じる。形勢では世界の大勢を説き、虜情では日本を窺《うかが》う欧米列強を説き、守禦では改革すべき防衛構想を説いた。そして、長計ではこれらを受けて、民心を掌握《しょうあく》するために、天皇を中心とする神道の国教化を論じるのである。

西洋学習の成果としての世界認識

非合理性

会沢正志斎《あいざわせいしさい》は儒者《じゅしゃ》である。したがって、当然、「新論《しんろん》」は儒教理論にもとづいて執筆されている。私たちは儒教といえば、合理主義的な思想と思いがちである。しかし、「新論」は非常に不可解な書である。前面に非常に非合理的な見解を述べながら、その一方では合理的で正確な知識と判断が認められるからである。それも当時の儒者の水準を抜くものが感じられる。たとえば、「新論」の序文は、つぎのように始まる。

謹しんで按《あん》ずるに、神州は太陽の出づる所、元気の始まる所にして、天日之嗣《あまつひつぎ》、世宸《よしん》極《きょく》（天子の位）を御《ぎょ》し、終古易《かわ》らず。固《もと》より大地の元首にして、万国の綱紀なり。誠によろしく宇内《うだい》に照臨《しょうりん》し、皇化の曁《およ》ぶ所、遠邇《えんじ》（遠近）あることなかるべし。

神州日本は太陽の出る位置にある、太陽神の子孫である天日之嗣、天皇が永遠に統治する国である。また大地の首に位置する国なので、天皇は宇内、世界を支配すべきである、と述べている。ユーラシア大陸の東に位置するわが国を、太陽の出る国、大地の元首の国として誇っている。そして、右の文章につづけて、ヨーロッパ諸国を股脛《こけい》として卑しめる。さらにアメリカは、背後にある愚かな国ととらえている。このような非合理的な地理的決定論で「新論」は始まるのである。

この非合理的な議論も、儒教理論にもとづいている。一つには、五行説《ごぎょうせつ》を日本的に解釈して、東を尊んで生々の気、元気の始まるところとする。そして、自然的秩序思想、すなわち人間の道徳的秩序は、自然界の秩序と照応するとの考え方を、人類が長く文明を営んできたユーラシア大陸にあてはめているのである。

蘭学に学ぶ

しかし、ここで注目すべきは、正志斎は地球が丸いこと、アメリカが背後にあることを知っている点である。さらにその正確な度数まで指摘する。正志斎は、世界地理を正確に知っていたのである。いいかえるならば、正志斎はかなり正確に蘭学《らんがく》の成果を吸収していたのである。この点はすでに、「千島異聞《ちしまいぶん》」において蘭学者の翻訳や漢籍などから世界の情報を得ていたこと、「暗夷問答《あんいもんどう》」においてロシア文字やアルファベットを知っていたことを指摘した。

世界情勢を正確に認識することに努めた正志斎にとって、欧米諸国は強国としてとらえられた。「新論」はつぎのように述べている。

人文漸《ようや》く開けたれば、すなはち夷狄《いてき》なるものもまた漸く条教を設け規制を立つるを知り、その高城深池は、古の穹廬《きゆうろ》（遊牧民の住居）にあらず、鉅礮《きよほう》大艦は、古の騎射にあらず、回回《フイフイ》・邏馬《ローマ》の教法は、古の威もて駆け利もて誘ひて、麕《きん》（鹿の一種）のごとく至り鳥のごとく散ずるものにあらず、おのおの一方に雄拠し、合従連衡《がつしようれんこう》して、宇内《うだい》を挙げて一教に帰せしめんと欲す。

文化の開けた欧米列強は昔の遊牧民と違って、大艦巨砲の強力な武器をもち、またキリスト教や回教《かいきよう》のような国家を成立させる宗教をもつにいたった。そして、世界の一方に割拠しながら、一つの宗教に世界を統一するための争いを展開している、と説いている。欧米列強の強さは、武器の優秀性と宗教にあると正志斎は理解した。とくに宗教は、「民心皆一なれば、以て戦ふに足る」と、権力が民衆の心をとらえ、民衆を戦争に動員する強さの根源として着目するのである。

世界戦国

正志斎によれば、当時の世界は各地域で争っていた以前と違い、世界を一つの教え、宗教に統一するための世界戦国の時代であった。主な帝国は七つ、回教国のモゴル（インドのムガール帝国）とトルコ、キリスト教国のロシアとゼルマニア（ドイツであるが神聖ローマ帝国のこと。実際は名のみでフランス・イギリスなどは独立していると正しく認識している）、そしてペルシャと清と日本である。

このうち正志斎はロシアに着目する。ロシアはピョートル大帝の時代（一六八二〜一七二五年）、大きく西欧諸国に学んで改革を実施した。そして北方戦争（一七〇〇〜二一年）に勝利して、ヨーロッパの大国ロシア帝国が成立したのであった。ロシアはその後、強力に拡大していく。正志斎は「千島異聞」において、この事実を正確にとらえている。そしてピョートル大帝を、「智謀《ちぼう》深く大略有り。専《もっぱ》ら民を安んじ国を富ます」と、偉大な建国の英主ととらえた。もちろん「新論」においても、同様の認識を示している。

「新論」において正志斎はロシアを、世界を臣従《しんじゅう》させずにはやまない最強国ととらえる。イギリスさえも、その「先駆」としか認識されない。それでは、どのような方法でロシアは、世界制覇を達成しようとしているのであろうか。正志斎は東西二策を検討中だという。東とは、清を取りたいのだが清が強いので、まず日本を取り、中世の和寇《わこう》のように清の海岸地帯を攻めて疲弊《ひへい》させ、清を滅ぼす。その勢いでモゴル、ペルシャ、トルコを滅ぼす計画であると。西とは、ペルシャと同盟してトルコを討ち、勝ちに乗じてモゴル、清、日本を従えようとするものである。ロシアはそのどちらにすべきか判断するために、日本を窺《うかが》っているのだと指摘する。そして、ほかのヨーロッパ諸国も同じキリスト教国なので、ロシアが動くときには協力するとみなしているのである。

キリスト教

正志斎は、欧米列強が他国を侵略するときに頼むのは、なによりもキリスト教だとみなす。キリスト教は儒者である正志斎にとって、「天を欺《あざむ》き」、「人紀を泯滅《びんめつ》（ほろぼす）」するものでしかなかった。正志斎が欧米列強を夷狄《いてき》としてとらえるのも、禽獣《きんじゅう》視するのも、儒教理論にもとづいている。すなわち、現実生活の道徳秩序を重視する儒教にあっては、人間は道徳性を身につけないかぎり、禽獣と等しい存在であった。それゆえに、儒教的道徳秩序のもとにいない四方の諸民族を、中国では古代から西戎《せいじゅう》・北狄《ほくてき》・東夷《とうい》・南蛮《なんばん》と卑しめ、化外《けがい》の民として禽獣視してきたのである。

しかし、キリスト教は「その帰は易簡《いかん》」であり、士大夫《しだいふ》さえも感染してしまう宗教であると、正志斎は指摘する。その理由は、「幽冥《ゆうめい》の説」、すなわち死後の禍福《かふく》を説くからであり、民衆のもっとも恐れるのは「鬼」、すなわち死後の世界だからである。キリスト教は民衆に浸透しやすい宗教と、正志斎はみなしているのである。交易をし、軍事力で制圧できないと判断したとき、欧米列強はキリスト教を布教して民心をとらえる。「民心一たび移り」、「民は胡神《こしん》のために死を致」すようになったときに、その国を併合すると考えたのである。

正志斎は、右のように世界情勢をとらえた。それは大きく二つの点で、間違っていたといわなければならない。一つは、ロシアを過大に評価しすぎた点である。正志斎は、ロシアが西欧諸国に学んで大国になったことを知っていた。それにもかかわらず、ロシアを過大に評価した理由は、戦争によって拡大してきた歴史を知り、その広大な領土に圧倒されたからであり、そしてなによりも、日々南下の勢いを増大させる北辺の脅威であったからに違いない。第二は、欧米列強の世界進出の理由を、宗教的世界統一戦争ととらえた点である。イスラム教に対する十字軍の側面をもち、また新教の興隆に対する、旧教の失地回復の側面をもっていた十六世紀のスペインとポルトガルの段階ならばまだしも、産業革命をへ、ブルジョワ革命をへた欧米列強の実体に、正志斎はあまりに無知だったといわなければならない。

正志斎の誤認

そうなった理由も二点指摘できる。第一に、たしかに正志斎は豊富で正確な情報を得ようと努力した。しかし鎖国下、欧米に関する書籍は、とくに思想に関する書籍は、禁書の対象であった。正志斎の得た欧米の情報は最新のものとはいえない、しかも思想性の欠如したものであったのである。第二に、儒者であった正志斎は、自己の既成の概念を通して世界情勢を認識した点があげられる。そこには、それを打ち破るだけの豊富な知識がえられなかったことも付け加えてよいであろう。

それにもかかわらず、キリスト教によって民の心が一つである点に欧米列強の強さを認めたことは、また逆に、民の心を一つにできないことが亡国の危機と認めたことは、正志斎が儒者の立場から得た理解なのであるが、それは正志斎の西洋学習の成果であったといえる。正志斎は、民の心を一つにした力を、日本がもつための理論を構築するのである。

神道による民心掌握

会沢正志斎《あいざわせいしさい》は「新論《しんろん》」の本文を、つぎの文章で始める。

帝王の恃《たの》んで以《もっ》て四海を保ちて、久しく安《やすらけ》く長く治まり、天下動揺せざるところのものは、万民を畏服し、一世を把持するの謂《いい》にあらずして、億兆心を一にして、皆その上《かみ》に親しみて離るるに忍びざるの実こそ、誠に恃《たの》むべきなり。

億兆心を一に

ここでいう「四海」とは「四晦」ともいい、儒教的道徳文明の光のあたらない、四方の「晦《くら》」い、化外《けがい》の民である夷狄《いてき》の生活するところである。彼らを服従させなければ、中華帝国は彼らによって侵略されて安定しない。そのために帝王の恃《たの》みとするのは、「億兆心を一にして」いることである。教育勅語《きょういくちょくご》にも引用されたこの言葉を、正志斎は対内的な安定と対外的な独立を維持し、さらに覇権《はけん》を確立する根源として提唱しているのである。

分裂と外患

しかし、当時の現実はおよそそのようなものではなかった。正志斎は、つぎのように現実をとらえている。諸大名はかならずしも幕府に恭順ではない。彼らが背かないのは心が奢《おご》り堕落《だらく》しているうえに、貧弱に苦しんでいるからである。細民は幕府・諸藩の政治を怨《うら》み歎いて、各地で騒擾《そうじょう》が発生しているが、兵を動かすにいたらないのは、彼らが臆病で指導者が軍事を知らないからである。姦民《かんみん》は横行し、禁制の宗派を信仰するものもたくさんいるが、変乱を激生しないのは、その場かぎりのやり方であるが、ともかくも支配に努めているからである、と。まさに正志斎の現状認識は、内乱直前の分裂した日本であった。

こうした日本に欧米列強が来ればどうなるか。正志斎は、欧米列強は遠く海を渡って来るのだから寡《か》であり、憂《うれ》うるにたりないとの議論に対して、中国を荒らした倭寇《わこう》を捕えたところ、日本人は二五人だけで、あとはみな中国人だったとの実例をあげて、つぎのように述べている。

虜は妖教《ようきょう》・詭術《きじゅつ》を用ひて、以《もっ》て人の民を誘《いざな》ふ。万一、彼をして我が民を引きて、以てその勢を援けしめば、すなはち彼の寡と我の衆と、またいづくんぞ恃《たの》むべけんや。

正志斎は民衆を、「利を好み鬼を畏《おそ》るる」ものとみる。そうした民衆は欧米列強の誘いに応じ、彼に味方すると説く。正志斎は民衆を信頼していないのである。それにしても、正志斎の理論である国体論《こくたいろん》によれば、日本は東方の日出づる国として、天皇の支配する世界の上国であった。それがなぜこんなにも分裂し、弱体化するのであろうか。正志斎は理論的にこの点を、いかに合理化したのであろうか。

この点に関しても、正志斎は儒教理論に負っている。すなわち、儒教は陰陽の原理で世界の運動を合理化するが、陰陽は交換する。「陽極まれば陰となり、陰極まれば陽となる」である。この法則が歴史観に適用されて、「人衆《おお》ければすなはち天に勝つ。天定まってまた人に勝つ」となる。この場合の人は、道徳性をもたない人である。非道徳な人間と道徳性の窮極的な価値である天との対立・循環として、歴史はとらえられるのである。歴史は治乱興亡《ちらんこうぼう》の繰り返しなのである。

それゆえに、日本の歴史も神武《じんむ》の建国以来、崇神《すじん》の再統一と拡大、天智《てんじ》の中興、そして鎌倉・室町幕府をへて徳川家康《とくがわいえやす》の統一と、治乱の繰り返しとしてとらえられた。そして、家康以来二〇〇年、時勢はまさに乱れんとする、「民心主なき」現状なのである。そこへキリスト教を奉じる欧米列強の進出である。正志斎は国体の永遠性を説く。しかし、それは無条件で永遠なのではなく、時勢の変と邪説の害に有効に対処して、はじめて永遠なのである。

正志斎は、「民心主なき」現実に危機の根源を見出す。いいかえるならば、権力が民衆の心をとらえ、心から民衆に支持される権力、統治のあり方を求めたのである。その核心として提起されたのが、日本古来の伝統であり、天皇を祭主《さいしゅ》とする神道《しんとう》である。しかし、その理論も儒教的である。「新論」は、つぎのように述べている。

儒教的神道

夫《そ》れ万物は天に原《もと》づき、人は祖に本づきて、体を父祖に承《う》け、気を天地に稟《う》く。故《ゆえ》に言苟《いや》しくも天地鬼神に及べば、愚夫愚婦《ぐふぐふ》といへども、その心を悚動《しょうどう》することなき能《あた》はずして、政教・禁令、一に天を奉じ祖に報ゆるの義に出づれば、すなはち民心いづくんぞ一ならざるを得んや。

人は誰でも話が「天地鬼神」におよべば、すなわち宇宙の始まりと死後のことにおよべば、悚動（ぞっとするおそろしさ）に襲われる。それゆえに、この宗教的動機を梃子《てこ》にして、「政教・禁令」が布《し》かれれば、民心は一つになると述べている。正志斎は民心掌握のために、意図的に神道を提起しているのである。ここで窮極的な価値とされるのは、天である。それでは天とはなにか。

正志斎の宇宙生成論は儒者らしく、気、陰陽の運動によって始めに天が生じ、つぎにそこから地が生じ、つぎにそこから万物が生じるとする自然発生論である。万物のなかで精なるものが人である。人間を含めて、万物の始めは天なのである。それゆえに、「万物は天に原《もと》づ」くとされ、窮極的な価値とされるのである。なぜそうなったのか。それは陰陽不測の神、すなわち、陰陽の原理による儒教的合理主義では説明できない、神秘的なことなのである。

精なる気質を受けた人間は、天地と一気で結ばれている。それゆえに人が天を祭れば、天は感応する。天は人格的なはたらきをするのである。また、人は父祖にもとづくので、父祖と子孫とはこれも一気で結ばれている。それゆえに、子孫の祭りに父祖は感応する。祭らなければ、「遊魂、変をなす」のである。また、生きているものも安心を得られない。そこで聖人は、「天に事《つか》へ先を祀《まつ》」って民心を掌握したのである。

天を負う天照

正志斎にとって人は天地から生じた、精なるものとはいえ万物の一つにすぎない。それゆえに神武以前の人間は、「古者《いにしえ》、人文未《いま》だ開けず、夷《い》蛮戎狄《ばんじゆうてき》、禽獣《きんじゆう》の相群がるがごとく、未だ以《もっ》てその沿革を論ずるに足らざるなり」と、儒教的道徳性を獲得していない禽獣と等しい存在であったとみなすのは、本音といえる。しかし、正志斎は神を説く。その神は天祖、天照大御神《あまてらすおおみかみ》から始める。正志斎は記紀に記された天照より以前の神々、天神に言及することはない。天に窮極的な価値を認める正志斎にとって、宇宙生成論にそのほかの原理は不要だったからである。そして天照は皇祖、天皇の祖先なのだから、所詮《しょせん》は人である。

人である天照が神であるのは、ほかの臣下の神々と同じく祖先であるからであるが、最高神である理由はたんに皇祖であるという以上に、「昔者《むかし》、天祖、肇《はじ》めて鴻基《こうき》を建てたまふや、位はすなはち天位、徳はすなはち天徳にして、以て天業を経綸《けいりん》（治めること）し、細大のこと、一も天にあらざるものなし」と、天を体現して人間界に道徳秩序、国家の祖型を形成したからである。天照は窮極的な価値である天を背後に負っているがゆえに最高神なのであり、絶対なのである。天照が「天祖は天に在りて、下土に照臨したまひ」と、太陽神とされるのも、天皇が「天日之嗣《あまつひつぎ》」とされるのも、天照が背後に天を負っているからと認められる。神話を寓話《ぐうわ》になぞらえているのである。そして、天皇が天照を祭るとは、天と祖先とを祭ることを意味しているのである。

祭祀と忠孝

天照が形成した道徳秩序とは、忠孝《ちゅうこう》の教えである。それは皇孫に伝えられた。天照を祭ることは天を祭ることとである。天照のとき、臣下の神々もそれぞれの職掌《しょくしょう》をもってこの祭礼に参加した。以後、神々の子孫である群臣は宗族を率《ひき》いて祖先を祭るとともに、天皇の大祭に祖先と同じ職掌で参加する。かくして、「君臣皆その初を忘るるを得ざるなり」と、祖先の神々がもったのと同じ忠誠心を、群臣は天皇に対してもつことができると説くのである。それは群臣にとって、天皇に忠誠であろうと志した父祖の志を継ぐことである。孝とは、なによりも父の志を継ぐことであるから、それは最高の孝なのである。正志斎は、当時といえどもこうした関係が持続していると考える。なぜならば、天皇を中心とした朝廷は存在しているし、一般的にも広く同族団的な結合が維持されていたからである。

正志斎は天皇の営む神道行事を、民衆教化の核心として提起する。そのためには、天皇の祭祀を重視するとともに、民衆が素朴《そぼく》に行っていた神道行事なども、天皇のもとに体系化することを説いた。民衆の心をとらえることを説いた正志斎にとって、それは幕府の行う政治以上に重要な問題であり、かくすることによって、日本人の心は統一されると説くのである。それは当面した異国船を打ち払うための攘夷《じょうい》にとどまらず、天皇のもとに世界秩序を打ち建てるための力の源泉として説かれたのである。

可能性と限界

危機、分裂の現状認識をもった会沢正志斎《あいざわせいしさい》は、宗教的な意味ばかりでなく、政治的にも改革を提唱した。それは幕藩体制の根幹に関わる問題であった。「新論《しんろん》」は幕藩体制、封建制を否定する思想でありえたであろうか。

基本政策批判

正志斎によれば、当時の日本が危機に陥った根本原因は、秀吉《ひでよし》・家康《いえやす》と展開された本強末弱策にあった。武士が農村に土着しているために末が強く、そのために乱世になった反省から、武士を都市集住させて本を強くして、末を弱めたのである。それは「兵は寡《すくな》く民は愚」にする政策であるが、太平の基を定めるためには、必要な政策であったと認める。しかし、以来二〇〇年余、太平は保たれたが、武士は経済的に破綻《はたん》し、数量的に減少し、精神的に頽廃《たいはい》し、肉体的に軟弱になり、「本末共に弱き」現状にいたった。正志斎にとって武士は土地、農村を離れてはならないのである。「新論」は、つぎのように述べている。

夫《そ》れ兵は地を守る所以《ゆえん》、地は兵を養ふ所以なり。兵と地とは、相離るるを得ず、離るればすなはち地は空虚にして、兵は寡弱《かじやく》となる。これ自然の勢なり。

武士が土地を離れれば、存在基盤を失い、土地は守りを失うのである。そして、当時は世界戦国の時代と認識されていた。それゆえに正志斎は、家康が天下を統一して太平を維持するために採用した政策ではなく、家康が戦国の争乱を勝ち抜いた「当日の意」にならい、国力強化のための当面の最重要政策として、武士の土着を説いたのである。これは明らかに、家康以来の徳川幕府の基本政策に関わる問題であった。

幕藩体制再編

基本政策の改変を求める正志斎は、対外戦のために参勤交代制《さんきんこうたいせい》を否定し、一国一城令《いっこくいちじょうれい》を批判し、大艦建造を提案した。しかし、正志斎が守禦《しゅぎょ》のために重視したのは、なによりも内政の充実であった。そのためにも武士の土着は望まれたのであるが、人材の登用も強く要望された。人材の登用には、「賢才を挙げ、限るに門流を以てせず」と、身分制の壁を乗り越えることが望まれたし、「卿相の位、国郡の封といへども吝《おし》まず」と、固定化された身分秩序の再編すら前提とされた。それは、「天下は公器なり、蓄へて以《もっ》て私有となすを得ざるなり」との考えに裏付けられていた。それゆえに人君たるものは、「身を以て天下に先だ」つことが望まれた。「公」とはこの場合、天皇とみなしてよい。天皇に対して、将軍・諸大名は率先して働くことが望まれたのである。民衆に対しても大いに期待して、つぎのように述べている。

夫《そ》れ英雄の天下を鼓舞《こぶ》するや、ただ民の動かざるを恐るるのみ。庸人の一時を糊塗《こと》するや、ただ民の或は動かんことを恐るるのみ。

外患《がいかん》の危機に対処するために、正志斎は内政の大改革を提案した。それは、天皇を基軸に据えて基本政策の改変を求め、身分秩序の再編も辞さないものであり、将軍は「身を以て」働き、民衆もその下で積極的に動くことが期待された。もちろん正志斎は、「新論」を幕府の打払令に応えて執筆したことからも理解されるように、徳川幕府を支持する立場から、その再編強化を論じたのである。「新論」の後書にも、「世《よよ》神聖の沢《たく》に浴して、以て今日に至るまで、幕府の法を奉じ、邦君の仁を仰ぐ」ものとして、執筆したと述べている。それにもかかわらず、「新論」は疑いもなく、徳川幕藩体制を否定する要素を内包していたのである。このことは、尊王論に焦点をあてると、より明確に浮かび上がる。

尊　王

儒教の正統論とは、血統的道徳的に正しい君主であることと、大一統を達成していることとの二要素が充足されることで成り立つ。正志斎もこの前提に立っている。尊王《そんのう》とは、君主である天皇を戴《いただ》いて、天下を統一していることで達成されるのである。日本の歴史は大化《たいか》前代の封建制から郡県制へ、そして鎌倉・室町以後はふたたび封建制になったと正志斎は理解するが、尊王とは制度的なあり方を凌駕《りょうが》する性格のものである。それゆえに家康の尊王も、つぎのように合理化される。

時を以《もっ》て天下の国主・城主を帥《ひき》ゐて京師《けいし》に朝す。天皇褒賞《ほうしょう》して、官を授け爵《しゃく》を賜ふ。この時に当たりてや、天下の土地人民、その治は一に帰し、海内一塗、皆天朝の仁を仰ぎて、幕府の義に服す。天下の勢、治れりと謂《い》ふべし。

天皇を戴いて統一を達成することが尊王なのであって、それは武家政権を否定する性格のものでは本来ありえない。正志斎にかぎらず、水戸学者の多くが鎌倉・室町幕府に批判的な言動を発するのは、「ややもすれば朝令に逆」ったからであった。しかし、このことは徳川幕府にとって、尊王論は双刃《もろは》の剣であったことを意味する。なぜならば、天皇を戴いて統一を達成している事実こそが尊王の実績だからである。この前提が崩れたとき、それが維持できなくなったときのことを、正志斎は論じていない。また、具体的な改革の実施方法を明示していない。打払令の発令を、「千載《せんざい》の一時、必ず失ふべからざるの機なり」とはいうものの、実際は英雄待望論で終わっている。正志斎は、将軍が率先して改革を実施しなかったとき、幕府が統一を維持できずに尊王の実を果たせなくなったときは、どうするのか、答えていないといわなければならない。それだけ、「新論」は危機感のもとで、幕府を支持する立場からなされた献策であったのである。

身分制肯定

正志斎の主観的意図とは違って、「新論」は徳川幕藩体制を批判・否定する論理を十分内包していた書であった。幕末の尊王攘夷運動の展開、政局の流動化とともに志士《しし》たちは、そう読み変えていった。しかし、それでは封建制、身分制を否定する思想でありえたかといえば、その展望はまったくといっていいほど本来なかった。改革の当面の最重要施策が武士の土着であったことは、この点をなによりも雄弁に物語っている。

民衆に期待したようでもある。しかしその本音は、「よろしく民をしてこれに由らしむべくして、これを知らしむべからず」と、民衆は権力に依頼するものであって、理解させることはできないとの、激しい愚民観《ぐみんかん》であった。民衆が積極的に動くことを期待したといっても、身分秩序を前提にしてのことである。それゆえにこそ、もっとも基本とされたのが、天皇の神聖性にもとづく民心掌握であったのである。すなわち、「典礼教化《てんれいきょうか》」、天皇の営む神道行事によって、民衆を教化しようとしたのであった。教えとは儒教的に、「風俗淳美《じゅんび》に、上下義を守」るようにすること、いいかえるならば、民衆の間に上下秩序を重んじる、支配に従順な風俗を形成することである。「新論」はあくまでも身分制を前提とした、権力の立場から書かれた書なのである。

ところで、「新論」には化政改革《かせいのかいかく》の成果が反映されていない。土着論を強く主張した点は、このことをよく示している。土着する武士を受け入れる農村とは、自給自足的な農村だからである。民衆に対する不信感も強かった。幽谷《ゆうこく》の失敗は反省されなければならなかった。しかし、儒者であった彼らには、民衆は教化するもの、金銭は賤《いや》しいものとの既成の観念から、容易に脱却できなかったのである。

歴史的意義

この後、天保改革《てんぽうのかいかく》をへて水戸学は大きく展開する。しかし、正志斎の思想はその後も変わらなかった。最晩年の文久二年（一八六二）に「時務策《じむさく》」を書いて開国論を主張したことを、変質とみる向きもあるが、「時勢の変」に対応した措置であって、思想が変わったのではない。正志斎は天保元年（一八三〇）に五十歳であり、また学者として生きた人であったから、改革の成果を取り入れて考え直すことはなかったのである。

「新論」は、幕末に志士たちに聖典として仰がれた。しかし、徳川幕藩体制の擁護論であるとの正志斎のもっとも重要な論点は欠落していった。そして近代になって、欧米列強と対峙《たいじ》し、戦争、侵略を繰り返した近代天皇制国家は、民衆の心をとらえるために、神道《しんとう》国教化《こっきょうか》政策《せいさく》などの国家主義政策を展開した。こうした環境のなかで、宗教的権威である天皇のもと、世界秩序の建設まで謳《うた》い上げた「新論」は、天皇制の国家主義政策の書として、その意義を高めていったのである。

天保改革

徳川斉昭の襲封と初期の改革

文政三年（一八二〇）の改革の挫折後の水戸藩政は、門閥保守派《もんばつほしゅ》によって運営された。復興のための農村との取り組みはなくなった。献金郷士の取り立てや幕府から助成金を得るなどして、当面の財政を糊塗《こと》する明け暮れであった。改革派は隠忍自重《いんにんじちょう》を余儀なくされた。

斉昭の襲封

文政十二年（一八二九）五月ころから、藩主斉脩《なりのぶ》は病に倒れた。九月末には重体となったので、継嗣《けいし》問題が持ち上がった。病弱だった斉脩には子がなかったが、弟の斉昭《なりあき》が室住《へやず》みの身として控えていた。しかし、重臣たちは将軍家斉《いえなり》の子、清水恒之丞《しみずつねのじょう》を迎えようと画策した。幕府からの財政援助を期待したのである。イデオロギー的に厳格であった改革派にとって、水戸家の血統を無視する重臣たちのやり方は、容認できるものではなかった。

十月一日、水戸にいた藤田東湖《ふじたとうこ》らにあてて、江戸の同志から事態の重大性を述べて、斉昭擁立《ようりつ》のために急いで江戸に上《のぼ》るようにとの書状が届いた。東湖たちは即日、国禁《こくきん》を犯して無断で江戸に出発し、斉昭擁立に奔走《ほんそう》した。四〇名余が江戸に上った。この運動には、立原《たちはら》派も藤田《ふじた》派も協力してあたった。結局、斉脩は四日に死亡したが、斉昭を継嗣とする旨の遺書が公表されて、徳川斉昭が水戸藩第九代藩主となることが決定した。このとき、斉昭は三十歳の働き盛りであった。

人材一新

藩主となった斉昭の論功行賞《ろんこうこうしょう》は明白で迅速《じんそく》であった。十二月中に江戸家老榊原照昌《さかきばらてるまさ》は減禄のうえ隠居、岡崎朝郷《おかざきともさと》も隠居に処された。ほかに彼らを支えた一〇名ほどが処罰された。水戸でも家老の赤林重興《あかばやししげおき》が実務に関わらない表勤《おもてづとめ》となり、翌天保元年（一八三〇）二月には減禄のうえ隠居となった。同年三月には執政《しっせい》の鈴木重矩《すずきしげのり》が城代《じょうだい》に移った。残った家老の興津《おきつ》克邁も同二年十二月に表勤になった。結局、家老・執政で残ったのは、付家老《つけがろう》の中山信守《なかやまのぶもり》と国家老の山野辺義質《やまのべよしもと》だけであった。

図9　徳川斉昭（郡司彝倫蔵）

かわって十二月から翌年閏三月までに、岡部以徳・野中重同《のなかじゅうどう》・朝比奈《あさひな》泰然・中村《なかむら》淑穆・山野辺義観《よしみ》（ただし、はじめは見習）を執政に任命した。また二人の参政《さんせい》も執政に昇任したので、大森《おおもり》信成と近藤《こんどう》礼文を新任した。

水戸藩の家老は藩政の指導・監督はするが、直接関わらずに日常的には幕府関係の仕事をする。藩政は執政（年寄《としより》、また広めて家老ともいう）があたり、参政（若年寄《わかどしより》）が補佐する。ただし、榊原・岡崎・赤林は執政を兼ねていた。

斉昭は、当主はかならず家老を勤める二家以外の家老と執政を、全員入れ換えたのである。一新されたのは、藩政府の首脳ばかりではなかった。表5にみるように側用人《そばようにん》や実務官僚も変わった。さらにその下役までが大幅に入れ代わった。実務官僚には改革派が進出した。彼らの多くは化政改革を担った人材であった。天保改革のはじまりは、「文化に伸び、文政に屈する者、往往再挙」（「回天詩史《かいてんしし》」）されたときなのである。立原派の酒井は勘定奉行《かんじょうぶぎょう》に、小宮山《こみやま》は町奉行になった。もっとも注目されるのは郡奉行《こおりぶぎょう》で、人材が集められた。藤田派の学者、藤田東湖《ふじたとうこ》と会沢正志斎《あいざわせいしさい》が就任したほか、藤田派の吉成・田丸・川瀬が就任し、立原派からも山口・友部が就任した。

藩政府から反対派を一掃し、自分を支持した改革派を実務官僚に登用した斉昭は、さらに側右筆《そばゆうひつ》（のちに御用調役《ごようしらべやく》）を新設して、彼らを自在に使って藩主の権限を強化した。斉昭は改革派の支持のうえに、強烈な個性をもって天保改革を主導していくのである。

改革の困難さ

改革は内憂《ないゆう》・外患《がいかん》の危機に対応する、天下の模範たる大改革が意図された。しかし、荒廃状況は克服されておらず、領民は藩政府を信頼していなかった。財政的にも破綻状況で、大事業を起こす余裕はなかった。したがって、改革の初期には家臣に文武の奨励・言路《げんろ》の洞開《とうかい》、一般には質素倹約の奨励・風俗の矯正《きょうせい》といった、仁政愛民《じんせいあいみん》の消極的な諸政策しか施せなかった。

表5　役職就任者一覧

役職	文政12年正月	天保2年正月
側用人	岡本政養 太田資同	岡本政養 鵜殿広生 渡辺寅
勘定奉行	加藤篤臣 太田政敏 岡部忠義 茅根真信	酒井喜昌 桜井登恒 小田朝清 井坂義隆
奥右筆頭取	大関増賀 富岡政徳 大関惇克	高安有為 松崎致徳 多田次盈
町奉行	中山直清 河方春英	中山直清 小宮山昌秀
郡奉行	児玉匡忠 高橋常明 小田朝清 吉村隆秀 井坂義隆 小林武為 梶宣満	吉成信貞 田丸直諒 山口正 藤田彪 会沢安 友部好正 川瀬教徳
目付	富田知近 伊藤徳直 安松重以 遠山重寛 豊島胤臣 戸田忠敞 栗田寛能 安藤為由 今村孝則 名越政敏	富田知近 伊藤徳直 三木之則 遠山重寛 武田正生 藤田信貞 山国共昌 小山田勝益

『水府系纂』より作成。

そのうえ、改革派は登用されたといっても、藩政府の中枢は依然として門閥《もんばつ》層で固められていた。斉昭は封建君主にふさわしく、身分制を尊ぶ人であったので、門閥層に期待するところが大きかった。しかし、彼らはつねに改革の阻止勢力として作用したのである。もう一つ改革を進めるうえで、大きな不安定要因があった。水戸藩では、はやく化政期から下士改革派が成立していたが、それが穏健な立原派と急進的な藤田派とに分裂し、激しく対立していたのである。

立原派に学ぶ

しかし、改革初期は消極的な政策しか実施できなかった。そこにおいては、農村復興は中心的な課題であった。このことは、郡奉行の陣容をみてもうなずける。急進的な藤田派は、改革の当初から検地を主張したが、実施できる現状ではなかった。むしろ藤田派はこの間に、立原派の実績に学ぶのである。

たとえば、天保元年（一八三〇）四月に八田《はた》郡の郡奉行になった東湖は、自伝「回天詩史《かいてんしし》」に、つぎのように記している。八田郡は才学のある高野昌碩《しょうせき》・石川慎斎《しんさい》、忠誠を称せられた白石意隆《おきたか》、才学敏捷《びんしょう》の友部好正が郡奉行を勤めたところなので、下役人も優秀であった。そこで「ただ、その近来の弊事数件を革《あらた》めて、余はみな白石・友部の旧に循《したが》つて変更せず」と。

天保二年（一八三一）一月には、七郡制から四郡制に改正し、郡奉行は現地在任から水戸勤務に変わった。改正の理由は、統一のとれた施策がほどこせず、藩政への対応も遅れがちになるからであった。この改正にともない、正志斎は水戸御用調役《ごようしらべやく》に、友部は江戸御用調役に、田丸は勘定奉行に、山口は目付《めつけ》に転出した。かわって石河幹忠《もとただ》が郡奉行になった。

東藩文献志事件

正志斎と友部が、斉昭側近の御用調役に就任したことで、改革派は斉昭周辺を固めたかにみえた。しかし、つぎに現われたのは、両派の根深い感情的な対立であった。東藩文献志《とうはんぶんけんし》事件である。

「東藩文献志」は、御用調役になった正志斎が、中興《ちゅうこう》の業をなすためには祖宗の制を知らねばならない、と建議《けんぎ》して再開された水戸藩史の書である。担当したのは正志斎ら、藤田派のものであった。編纂のために集まる彼らに、朋党《ほうとう》を結んで政府の秘密を漏洩《ろうえい》したとの疑惑がかけられた。天保二年（一八三一）十月二十九日、水戸執政岡部以徳は専断をもって、正志斎を彰考館《しょうこうかん》総裁に、ほかに三人の藤田派の奥右筆《おくゆうひつ》を左遷《させん》した。不当な藤田派への弾圧であった。

藤田派は朋党を結んだとの批判を否定した。しかし、この反論に斉昭は、「愈《いよいよ》党を結びたる科《とが》に当」たると（「回天必力《かいてんひつりき》」）、激怒した。江戸の斉昭の側近《そば》には、立原派の友部がいた。彼は岡部と結び付いていた。また酒井もいた。そのうえ、朋党による機密漏洩事件であったから、藤田派とても十分に結束できなかった。結局、東湖や川瀬のような強行派の集まっていた郡奉行と藩政府の衝突というかたちにしかならなかった。東湖たちは門閥層の無能、改革への非協力的態度を激しく批判した。しかし、半年近く争うなかで、まずは斉昭の周辺にいる酒井や友部の誤解を解くことが、解決への唯一の道であるとの認識をもたざるをえなかった。

東湖たちは斉昭の説得に成功した。天保三年（一八三二）五月、正志斎の格式は元にもどされ（彰考館総裁はそのまま）、左遷された奥右筆たちも再起用された。そして、東湖は通事に抜擢された。一方、この年七、八月に岡部はふたたび専断をもって目付の人事を強行したために、十一月に罷免《ひめん》され、隠居に処された。

改革推進

改革の進まない一大要因は、執政にその人を得ない点にあるとは、斉昭も深く憂慮したところであった。天保五年（一八三四）、斉昭は改革を推進させるために人材を登用した。七月に門閥中に唯一期待できる人材として、藤田貞正《さだまさ》を執政に登用した。これと前後して、藤田派の戸田忠敞《ただあきら》を四月に用人見習に、さらに八月には側用人見習に登用した。また六月には東湖を御用調役に登用した。三田《さんでん》の抜擢という。

それでも改革はいっこうに進まなかった。ついに斉昭は天保七年（一八三六）一月一日、江戸城に登城せずに一室に籠《こも》り、人の出入りを禁じた。襲封《しゅうほう》以来七年、一事のみるべき成果がないと退隠をほのめかして、改革の実行を促した。岩戸隠《いわとがくれ》という。この斉昭の固い決意によって、一月には財政再建のために一〇年間、供連《ともづれ》の減少などで経費の節約を計ることを決定し、本格的な財政改革が始められた。また三月には、江水交代が実施された。

水戸藩主は江戸定府《じょうふ》であった。参勤交代《さんきんこうたい》はせずに、普通は江戸にいた。そのために、水戸藩には江戸詰《づめ》の家臣が多かった。これが財政を圧迫していたのである。そのうえ、江戸の家臣は代々江戸に、水戸のは水戸にと固定化されていたので、同じ水戸藩の家臣といっても交流は少なく、対立しがちであった。そこで、家臣の江戸定府制を廃止したのである。

さらに五月には、海岸防御のために国家老《くにがろう》の山野辺義観《やまのべよしみ》を、多賀郡介川《すけがわ》村に土着させた。

図10　戸田忠太夫忠敞（郡司彜倫蔵）

飢饉対策の成功

天保七年（一八三六）、水戸藩の改革は大きく前進するかにみえた。しかし、ふたたび頓挫《とんざ》しなければならなかった。天保《てんぽう》の大飢饉《だいききん》に襲われたためである。

水戸藩では飢饉の被害は、四年と七年にひどかった。水戸藩はこれに全力をあげて対応した。蓄《ちく》穀《こく》を放出したのみならず、上方《かみがた》からも米穀を輸入した。その結果、水戸藩は餓死《がし》者ゼロと公表できる成果をあげた。飢饉対策の成功は、改革初期の地道な農政改革の成果であった。飢饉を乗り切ったとき、斉昭たちは民衆に支持されていると実感できた。大改革を阻《はば》んでいた一大要因が取り除かれたのである。

「弘道館記」

藩校設立計画

徳川斉昭《とくがわなりあき》は藩校《はんこう》を設立することを、襲封《しゅうほう》の当初から計画していた。藤《ふじ》田《た》派も強く支持した。武士は元来、戦闘員で兵士であったから、一般的に教養は高くなかった。そのうえ二百数十年の太平は、武士の自覚、忠誠心を薄くしていたから、藩校は十八世紀中期以降、諸藩で設立されるようになった。水戸藩の場合、一般的な事情ばかりでなく、内憂《ないゆう》・外患《がいかん》の危機感をもって水戸学を唱導《しょうどう》し、治者としての自覚を武士がもつことを強く要請してきただけに、教育機関としての藩校の必要性が痛感されたのである。しかし、改革の初期は学校を作る環境にはなかった。たとえば、天保五年(一八三四)十二月に、斉昭は神儒一致《しんじゆいっち》・文武合併の教育方針を示して建設を促したが、藤田貞正《さだまさ》らの執政《しっせい》は財政難などを理由として賛成しなかった。

天保七年（一八三六）、改革を本格化させようとした斉昭は、藩校設立の趣旨を記した碑文の撰定を会沢正志斎《あいざわせいしさい》に命じたが、正志斎は辞退した。理由は明らかではない。

図11　藤田東湖（郡司彝倫蔵）

斉昭と東湖

大飢饉のために中断した大改革は、天保八年（一八三七）七月八日、斉昭が富国・強兵・教育の三事を下問《かもん》することで再開された。これにさきだって六月十日、藤田東湖《ふじたとうこ》に碑文撰定の命が下った。正志斎に宛てた東湖の書簡によると、このとき斉昭は自身で和文を書き、菊池西厓《きくちせいがい》に漢訳させた一文を示したので、「殊《こと》の外塩梅六ケ敷《ほかあんばいむずかしく》候へ共、どうかかうか、弁破、立稿仕候」と、斉昭を説得するのに苦労した。斉昭は、「舎二爾所レ学姑従レ我《なんじのまなぶところをすてしばらくわれにしたがえ》の気味も有レ之《これあり》候て」と、主君の権威で東湖にいどんだから、それはいっそうであった。東湖は正志斎に、「御論等有レ之《これあり》存分に筆力ものび不レ申《もうさず》候」と愚痴っている。斉昭を弁破した東湖は、七月二日に草稿を書き、翌三日に呈出した。

それでは、斉昭と東湖はいかなる点で対立したのであろうか。同書簡によると、第一に斉昭は天祖（天照大御神《あまてらすおおみかみ》）と神武《じんむ》を祭りたいと主張した。これに対して、東湖は非礼であると反論した。水戸学では各人は身分に応じた神を祭るのであって、直接、皇祖神《こうそしん》を祭ることは許されないのである。第二に斉昭は、孔子《こうし》を実名の孔丘《こうきゅう》と記したいと主張した。これに対して東湖は、孔子は師匠なのだから尊称にすべきだと反論している。

右によれば、斉昭は皇祖神や孔子に対して、身分を弁《わきま》えない弊害に陥っている。斉昭と東湖とは君臣水魚《くんしんすいぎょ》の仲であり、一体の関係にあったととられやすいが、そうではなかった。のちのちまで、東湖は斉昭をおさえるのに苦労している。また斉昭は水戸学を体現した藩主と理解する向きも強いが、これも疑問である。右の東湖との論争もその一端であるが、これ以前にも「告志篇《こくしへん》」を撰文したときに、それはみられた。

「告志篇」

「告志篇」は、斉昭がはじめて帰国した天保四年（一八三三）に、その志を士民に告げるために著わされた、水戸学を代表する著作である。その撰文には、まず斉昭が草稿を書き、東湖が修正した。斉昭の草稿をみると、幕府への忠誠は説かれても、朝廷に対する配慮が欠けているのである。たとえば末尾の一節は、「万一事あらん節は我等将軍家の御為《おんため》にハ命を指上《さしあげ》候所存《しょぞん》ニ候」と書かれていた。これを東湖は、「万一事あらん節は我等天朝上辺の御為にハ身命を指上大恩を奉《むくいたてまつり》レ酬候所存ニ候」と改めたのである。なお完成稿では、「万一事あらん時は我等乍《ふしょうながら》二不肖一天朝公辺の御為には身命を塵芥《じんかい》よりも軽んじ、大恩を奉《ほうじたてまつり》レ報候所存に候」となっている。

斉昭は少年時代に正志斎の指導を受けて、水戸学の人になったと一般には理解されるが、そうではないのである。斉昭の周辺には立原派などの多様な人たちがいて、少なくとも天保期の斉昭の思想、また政策は、藤田派、東湖や正志斎とは同一ではなかったのである。たとえば、斉昭の和文を漢訳した菊池は彰考館員《しょうこうかんいん》で、当時、斉昭の侍読《じどく》であった。菊池の思想的系譜は明らかでないが、藤田派とは別の系譜の人であったことは疑いない。

「弘道館記」の完成

東湖の草稿を斉昭は彰考館で検討させ、それから幕府の儒官であった佐藤一斎《いっさい》の意見を徴して、正文を決定しようとした。しかし、それでは決を一斎が取るかたちになると東湖が反対したので、まず一斎にはかり、つぎに藩の学者の会沢正志斎と青山拙斎《せっさい》とにみせて、そのうえで斉昭が裁定を下すことになった。裁定を下すにあたって斉昭は、立原派の小宮山楓軒《こみやまふうけん》らにもはかったようで、これに関して東湖は正志斎宛書簡に、「根本は決して動き不レ申《もうさず》候。御安意可レ被レ下《くださるべく》候」と書き送っている。

こうして完成した碑文は、「弘道館記《こうどうかんき》」と命名されて、天保九年（一八三八）三月に斉昭の名で公表された。藩校の名が弘道館と決定したのは、天保八年八月ころと考えられている。

「弘道館記」は、藩校弘道館の建学の精神を述べたものであり、水戸学の理念を簡潔に記した漢文の名文である。それを要約的に口語訳すれば、つぎのようになる。

まず「人能《よ》く道を弘む」と、人間の主体的な営みを確認する。その道とは天地の大道であって、人は片時も離れることはできないと説いている。そして、上古《じょうこ》（神代）に神聖（皇祖神《こうそしん》）が斯道《このみち》によって建国した尊厳ある国体の国であるが、後に中国の儒教を採用して、斯道をいっそう明らかにした。しかし、中世以降、異端邪説《いたんじゃせつ》などのために明らかにならず、世は乱れてしまった、と上段を結ぶ。

下段では、徳川家康は尊王攘夷《そんのうじょうい》の精神で太平の基を築いた。以来、水戸藩では頼房《よりふさ》・光圀《みつくに》と継承され、人びとはこの恩沢《おんたく》に浴してきた。したがって、「臣子《しんし》」たるものは斯道《このみち》を広めるように、先祖の徳を高めるように努めなければならない。館に建御雷神《たけみかずちのかみ》を祀《まつ》るのは、建国に功績のあった鹿島《かしま》の神だからであり、孔子廟《こうしびょう》を営むのは、儒教によってこの道はいっそう明らかにされるからである。水戸藩の「士民」たるものは、忠孝無レ二《ふたつなし》・文武不レ岐《わかれず》・学問事業不レ殊二其効一《そのこうをことにせず》・敬神崇儒《けいしんすうじゅ》の学問的態度をもって、毎日、この館で学ばなければならない。そして、この館を建てて治教《ちきょう》を統《す》べるのは斉昭である、と結ぶのである。

館記の意義

本書のはじめに述べたように、「弘道館記」の論旨は幕藩体制を肯定している部分を除けば、かなり教育勅語《きょういくちょくご》に似ている。まず、皇祖神が斯道によって建国したと説いている。道とは、いいかえるならば五倫《ごりん》（君臣・父子・男女・長幼・朋友の人間関係）である。この国体の尊厳性を強調して、祖先以来の斯道を推《お》し弘めるように求めている。しかも、その学問的態度は四綱目《しこうもく》（忠孝無レ二・文武不レ岐・学問事業不レ殊二其効一・敬神崇儒）であり、主君たる斉昭が治教を統べるのである。そのうえ、主体的に自覚することが求められたのである。

　しかも対象とされたのは「士民」とある。すなわち藩士のみでなく、一般民衆にも門戸が開かれていたと読める。しかし、一方で「臣子」と述べているように、弘道館はあくまでも藩士のための学校であった。力点はこちらにある。庶民のなかから学ぶものがいたとしても、きわめて例外的な存在でしかなかったのである。「弘道館記」は身分制のうえに立論されているのである。

　また、皇祖神が斯道《このみち》によって建国して以来、斯道によって国体を維持してきたとするが、そこに天皇制が基盤とした風俗は取り上げられていない。これらの意味で「弘道館記」は、教育勅語とただちに結び付くとはいえないのである。

　しかし、「弘道館記」が水戸学を教育勅語に結び付ける階梯《かいてい》にならなかったといえば、それはあたらない。この点で注目されるのが、三儒の批判と斉昭の裁定文である。これまでこの批判は修辞上の問題とされてきたが、そうは単純にいえないものを含んでいる。

三儒の批判

佐藤一斎《いっさい》・会沢《あいざわ》正志斎《せいしさい》・青山拙斎《せっさい》は、合計二〇ヵ所の批判をした。その多くはたしかに修辞上の問題として処理してよいと思われるが、なかに二、三見逃せないものがある。

第一に、「弘道館記」のはじめに、「道とは何ぞ、天地の大経《たいけい》にして」とあるが、これは東湖の原案では、「道とは何ぞ、神州の固有するところにして」とあった。この「固有」に三儒の批判は集中した。固有では、道は日本にだけあるのか、それとも普遍的なものなので日本にも本来あったのか、不明確だからである。まして前者では、儒教的な道の普遍性は失われてしまうからである。それゆえに斉昭は裁定文に、「此三説ヲ合セ考ルニイカニモ固有ハ宜《よろし》カラス。頻《しき》リニ神州ノモノトスルユヘ六《むつ》ケシキナリ」と述べて、「固有」を「天地の大経」と改めたのである。「大経」とは大道と同じとみてよい。道は天地にもとづくと、儒教的普遍性を強調するかたちに改めたのである。

図12　佐藤一斎（渡辺崋山筆）

第二は、「斯の道の益《ますま》す大いに且《か》つ明らかなる」のところである。これを東湖は、「斯の道をして益《ますま》す大いに益《ますま》す明らかにせしめん」と書いた。これに対して一斎は、「人をして斯の道の大且つ明なるを知らしめん」と修正するように求めた。儒教的普遍的な道は、もともと大きく明らかなのであると、その絶対性を強調する立場からの修正要求である。これに関して斉昭は裁定文に、「原稿ノ意ハ、是《これ》マテ国学者ハ神州ヒイキニテ孔子ヲトラス、漢学者ハ漢土ヒイキニテ神皇ノ道ヲ奉セス。ソレ道ト云モノ、イヤ・ス（マ脱カ）分レ〳〵ニ小クナリタルユヘ、神皇ヲ奉シ、孔子ヲ敬シタラハ、斯道　益《ますます》　大ニナルヘキノ意ナリ」と述べて、和漢の折衷を計る難しさを吐露《とろ》している。

水戸学の一大原則は神儒一致《しんじゅいっち》である。右の二つの批判は、日本的な神道に傾く東湖の思想に対して、儒教的普遍性に立つ立場からの批判であったと理解される。これらの批判を東湖はどう考えたのであろうか。正志斎宛書簡に、「根本は決して動き不レ申《もうさず》候」と、東湖は書いていた。また、「貴評の十の八九御同心に御座候」とも書いている。東湖はこれらの批評を受容できる、本質的な問題とはこのときには考えていなかったのである。しかし、この問題は重要であった。改革挫折後の弘化四年（一八四七）に、処罰された東湖が情熱と学識のすべてをかけて、「弘道館記」の解説書「弘道館記述義《こうどうかんきじゅつぎ》」を著わしたとき、この問題は拡大して再登場するのである。

改革の急進化と挫折

内憂・外患の現実化

飢饉《ききん》を無事に乗り切り、領民に信頼されていると確信できた徳川斉昭《なりあき》ら改革派であったが、全国的にみれば状況は悪化していた。とくに天保八年（一八三七）二月の大塩《おおしお》の乱は、彼らをいたく刺激した。大都市大坂で公然と白昼、知識人によって起こされたこの反乱は、「天照皇太神《てんしょうこうたいじん》之時代に復シかたく共」「中興神武帝御政道《ちゅうこうじんむていごせいどう》之通」と告文に謳《うた》っていた。天皇を戴《いただ》いて、たしかな指導者が民衆を組織して反乱を起こす。これは彼らが描いた最悪の内乱のシナリオであった。彼らは内憂《ないゆう》の危機の現実化をみたのである。

天保十一年（一八四〇）三月にはアヘン戦争が勃発《ぼっぱつ》した。アヘンという麻薬をめぐって起きたこの戦争に、彼らは欧米列強の非道徳性を再確認するとともに、大国清国を打ち破

った イギリスの強さに、外患《がいかん》の危機を深めた。

天保後期には、彼らは水戸学の尊王攘夷《そんのうじょうい》思想を広く天下に唱導するようになる。斉昭は天保十年（一八三九）六月二十日に、幕政改革を求める意見書「戊戌《ぼじゅつ》の封事《ふうじ》」を将軍家慶《いえよし》に上呈した。そして、藤田派路線によって天下の模範たる大改革を実施する。

番頭の強訴

天保十年（一八三九）九月二十六日、斉昭は検地の実施と学校の建設のために、明年、帰国すると布令した。この布令に対して、番頭《ばんがしら》たち七〇人余は連署して、俸禄《ほうろく》の全給か帰国の中止かを訴えた。いずれにしても、改革の中止を求めたのである。水戸藩は、天保の飢饉に全力をあげて対応した。以来、九年も不作であったことも加わって、家臣の俸禄は借上《かりあげ》（名目は借りるのだが、返さないので事実上の減禄）のままであった。番頭たちは窮乏を訴えて俸禄の全給か、藩主が帰国するとなにかと出費が嵩《かさ》むので中止かを求めたのである。番頭といえば門閥層《もんばつそう》である。彼らは地位と集団の力で願意を達成しようとした。そのうえ、彼らには藤田貞正《さだまさ》らの執政《しっせい》が味方した。

斉昭は激怒した。三人以上集まれば、徒党《ととう》の罪とされる時代である。これまで門閥層は、つねに改革の推進に非協力的であった。改革派は好機とみて、大量処罰を望む声が強かった。しかし、藤田東湖《とうこ》は、この強訴《ごうそ》を阻止できなかった自分も奉職無状であったと主張して、病と称して辞職した。

結局処分は、主謀者の番頭小山秀発ら四人を減禄のうえ隠居に処すなど、少数にとどまった。また、執政の藤田貞正と中村淑穆を隠居に処した。かわって参政の興津《おきつ》克広と近藤礼文を執政に登用し、参政には藤田派の戸田忠敞《ただあきら》と武田正生《まさなり》が就任した。翌年八月に戸田は執政になる。一方、東湖ら三人の御用調役《ごようしらべやく》も左遷《させん》されたが、これは形式にしかすぎなかった。翌年一月に東湖は、権参政《ごんさんせい》といわれた側用人《そばようにん》に抜擢された。強訴の結果は、藤田派の藩政府中枢への進出となったのである。

天保十一年（一八四〇）一月に帰国した斉昭は、以来、十四年三月に将軍家慶《いえよし》の日光社参に陪従《ばいじゅう》した以外は、弘化元年（一八四四）五月まで水戸にとどまり、率先して改革にあたった。

検　地

検地の準備作業は斉昭の帰国以前、天保十年（一八三九）四月に幕府の許可を得たときから始まった。検地は藤田幽谷《ゆうこく》以来、藤田派が最重要政策として唱えてきたものであった。しかし、天保検地は、幽谷流の考え方で実施されたとはいえない。小宮山楓軒《こみやまふうけん》らの立原派の実績に、深く学んでいるのである。

幽谷は民衆に不信を抱き、荒廃の第一原因を民の奢《おご》りに求め、そのうえで三雑穀切り返《さんざつこくきりかえ》し法などの藩側の不正な政策の改善を求めた。また制度的な原則を重んじ、一律にとらえる傾向が強かった。そこには、農村の実体を正しくとらえて発想する姿勢が欠けていた。

これと違って天保検地は、民のために実施するとの方針がとられ、貫かれた。土地を計るにも、農村の現実を正確にとらえるために、農民の理解と参加・協力が求められた。天保十年（一八三九）五月には、郡奉行《こおりぶぎょう》が巡村して教諭《きょうゆ》し、村方の作製する下帳簿の説明や一般農民の代表である老農の選び方を指示した。七月からは、まず各村で村役人と老農が下調べをした。これを受けて、縄奉行《なわぶぎょう》が上層農民から選ばれた郷役人とともに現地に赴き、説明を受けた。さらに郡奉行が郷役人とともに、確認のために巡村した。これらの作業のうえに検地の縄入れは、十一年七月から始められた。しかも、縄奉行ら藩の役人のみが行うのではなく、郷役人と村役人から選ばれた竿取《さおとり》が計ったのである。十三年十一月に完了した。

検地の結果

検地の竿は六尺五寸であった。寛永検地《かんえいけんち》では六尺であったから、大幅に緩めたのである。検地の結果、水戸藩は天保五年（一八三四）の領知高よりも、一一万八〇〇〇石余も少ない、二九万九〇〇〇石余を打ち出した。寺社領地を除いて、田方《たかた》は一五万七〇〇〇石余、畑方《はたかた》は一三万一〇〇〇石余であった。これ以前は田方一七万一〇〇〇石ほど、畑方二二万四〇〇〇石ほどであったから、田方で一万四〇〇〇石ほど軽くし、畑方では九万三〇〇〇石ほど軽くした。水戸藩は寛永検地の田方の厳しさを軽減するとともに、農村を維持させてきた畑方のゆるさを継承し、拡大したのである。

実体を正確にとらえる方針は、上中下の田畑の位付《くらいづけ》を四段階から五段階にふやしたことにも現われている。この措置によって、低位の生産力の田畑も正確にとらえた。寛永検地では四段階に収めるために、縄心《なわごころ》といって、その分、広く計っていたのである。また、取門《とりかど》制を設けた。取門制とは、従来、一村の年貢は田畑それぞれ同一の年貢率で賦課するのが原則であったが、田畑それぞれに「いろは」と最大五段階の年貢率に分けて賦課するように改めたのである。結果的に出てくる生産量だけをみて年貢を取るのではなく、生産条件まで配慮するように改めたのである。

幕藩体制の原則に忠実であった幽谷は、「勧農或問《かんのうわくもん》」に、「一石の地は、いつも一石と定て取付《とりつけ》する時は、公私ともに損得のかたおちなる事なし」と述べた。これと違って天保検地では、一石の地を一石といかに定めるか、そこからどれだけ年貢が取れるか、細心の注意を払ったのである。

商品経済のうえに

また、水戸藩は三雑穀切り返し法を廃止し、畑方の換算率を二石五斗一両から、倍の一石二斗五升一両に改めた。しかし、これも幽谷の意図とは違っている。第一、換算率は一石一両の相場より安かった。また、幽谷は三雑穀切り返し法の過重さを強調したが、事実としては荒廃の進行とともに免除地が設けられた。寛政年間には元値段と納値段の倍率も低下した。その割合は示せないが、幽谷が指摘するほど重くはなくなっていたのである。そのうえ、もし幽谷のいうように一石の地は一石として検地をし、相場どおりの換算率で畑方の年貢を賦課したならば、畑方は大増税になり、農村はたちゆかなくなったであろう。幽谷は三雑穀切り返し法を廃止して、相場どおりの換算率に直せば、年貢は公正になり安くなると考えていたが、事実としては違っていたのである。

また、その意義も違っていた。検地の結果、水戸藩の収入は一〇〇〇両しか減らなかった。畑方の換算率を倍にしたのが、主な理由である。水戸藩は財政基盤を、発展する商品経済のうえに置くように改めたのである。このような結果は、商品経済の発展に否定的であった幽谷には、まったく考えおよばないものであったに違いない。天保初年の藤田派の郡奉行も同様な考え方をしていた。彼らは意見書に、「農民末利に趨《おもむ》き候義不レ宜《よろしからず》候」と書いていた。天保七年（一八三六）三月、水戸藩は国産方《こくさんかた》を廃止して、郡奉行と町奉行に委任した。このとき斉昭は郡奉行に、国産奨励のために町奉行と相談するように命じた。町奉行は楓軒であった。水戸藩が商品経済の発展を推進し、その成果を掌握するようになるためには、楓軒の意義は大きかったのである。

藤田派の政策として藤田派によって推進された天保検地は、藤田派が農村観・農民観を改めたことを示している。これ以後、農村は確実に復興していった。藤田派は豪農層はじ

図13　弘　道　館

めとする農民たちと、協力して運動を展開できるようになるのである。また、農村観・農民観の変化は、教育政策にも認められる。

弘道館と郷校

帰国した斉昭はさっそく、弘道館の建設に着手した。天保十一年（一八四〇）四月には、教授頭取に青山《あおやま》拙斎《せつさい》と会沢正志斎《あいざわせいしさい》、教授に杉山復堂《ふくどう》と青山佩弦斎《はいげんさい》を任命した。工事は翌年七月に終わり、八月一日に仮開館式を挙行した（正式開館は安政四年〈一八五七〉五月九日）。十四年六月には医学館を併設した。しかし、弘道館は身分の高い藩士ほど長時間就学するように定められた藩士のための学校で、時代の流れのなかでは、それほどの意義はない。注目しなければならないのは、郷校《ごうこう》が設立されたことである。

水戸藩で最初に郷校を設立したのは、楓軒であった。文化元年（一八〇四）に小川に稽医館《けいいかん》を、同四年に延方《のぶかた》（現潮来市）に延方学校を開設した。民間の医者の養成と庶民教育のためであった。天保年間になると、各郡一校の医学校が郷校として開設された。すなわち、天保六年（一八三五）に湊（現ひたちなか市）に敬業館《けいぎょうかん》、同八年に太田に益習館《えきしゅうかん》、同十年に大久保（現日立市）に暇修館《かしゅうかん》、少し遅れて嘉永三年（一八五〇）に野口（現御前山村《ごぜんやま》）に時擁館《じようかん》が設立された。これらは医学校であったが儒書の講釈《こうしゃく》もあり、好学の一般農民の参加も許されていた。郷校は安政年間になると文武館《ぶんぶ》として拡充・増設されて、農民諸階層を巻き込んだ尊攘《そんじょう》運動の拠点となるのである。

軍制・宗教改革　検地と弘道館は斉昭の二大事業と呼ばれる。二大事業完了後は、改革の重心は軍制改革と宗教改革に移った。

天保十一年（一八四〇）の帰国以来、斉昭は軍事演習である追鳥狩《おいとりがり》を毎年実施した。そのなかから西洋流を取り入れた銃砲中心の大極陣《たいきょくじん》を斉昭は創設した。もちろん銃砲の増産にも力を入れた。一方、海岸防御《ぼうぎょ》のために家臣を分散配置するのは、各個撃破されて得策でないと判断された。土着は経済的救済の意味での城下近郊に限られて論じられるようになった。かわって注目されたのが農兵である。海岸近くの村の農民を、消防組織のように編成する案である。これは評議の段階で終わった。

敬神廃仏《けいしんはいぶつ》の宗教政策は、破戒不如法《はかいふにょほう》の僧侶の寺や無住《むじゅう》大破《たいは》の寺、二百数十寺を整理したのみならず、鋳砲《ちゅうほう》のために梵鐘《ぼんしょう》を差し出すことを拒んだ位牌《いはい》所の薬王院《やくおういん》を永無住に処すなど、弾圧は大寺院にまでおよんだ。また神道による葬祭式《そうさいしき》を公布したり、戸籍にあたる人別《にんべつ》の仕事を神官に委ねる氏子帳《うじこちょう》の作製を命じた。

急進的な二つの政策は、明らかに伝統的な幕府の基本政策に違反していた。幕府は平和を維持するために、諸大名の軍備強化にもっとも警戒的であった。また檀家《だんか》制度・宗門《しゅうもん》改《あらため》制度を採用して、寺院を用いてキリシタン禁制を貫徹させていたのである。

図14　結城寅寿朝道（郡司彜倫蔵）

挫折

改革を急進化させる一方、身分秩序を重んじた斉昭は、門閥《もんばつ》中の英才として若い結城朝道《ゆうきともみち》に期待するようになった。天保十三年（一八四二）に結城は二十五歳で執政に抜擢された。学問的にも藤田派と系譜を異にした結城のもとには、弾圧された門閥層と疎外された立原派が結集し、藤田派に対抗する一大派閥が形成された。彼らは穏健な政策を唱える人たちであった。しかも、この時期、改革の急進化は慎まなければならない環境にあった。

天保十四年（一八四三）五月、日光社参の直後、天保改革を実施していた幕府は、水戸藩の改革政治を褒賞《ほうしょう》した。しかし、同年閏九月には改革を推進した老中水野忠邦《みずのただくに》を罷免し、改革を中断した。この時期は、幕府が保守化したときだったのである。

藤田派と激しく対立した結城派は、弾圧された仏教勢力とともに、急進的な政策を幕府に訴えた。保守化した幕府はこれを取り上げた。かくして弘化元年（一八四四）五月六日、徳川斉昭は隠居謹慎に処された。改革を推進した藤田派の執政戸田忠敞《とだただあきら》・寺社奉行今井《いまい》惟典・側用人藤田東湖は蟄居《ちっきょ》に処された。ほかに結城を除く家老・執政のすべてが、なんらかの処罰を受けた。ここに水戸藩の天保改革は挫折した。

藤田東湖と「弘道館記述義」

「弘道館記述義」の執筆

農民も支持した改革

幕府による徳川斉昭《なりあき》の処罰に対して、水戸藩内は騒然たる状態になった。処罰の撤回を求めて、陸続として江戸へ歎願に上《のぼ》るものがあいついだ。歎願運動を展開したのは、武田正生《まさなり》や吉成信貞《よしなりのぶさだ》といった改革派の藩士ばかりではなかった。多数の農民が参加した。農民も村落支配層たる豪農層ばかりではなかった。水戸より南の南郡地帯では、一村あげて江戸に出発しようとして止められた事例さえあった。民衆は改革政治を強く支持したのである。

情熱を著作に

水戸の喧噪《けんそう》を離れて、一室に幽閉される蟄居《ちっきょ》という重い処罰を受けた藤《ふじ》田東湖《たとうこ》は、江戸の水戸藩邸の一室で思索にふけり、往事を回顧していた。弘化元年（一八四四）、東湖は三十九歳であった。

東湖は、文政十年（一八二七）一月に父幽谷《ゆうこく》の跡を相続して、彰考館《しょうこうかん》に勤めた。学者であった東湖が政治に転身したのは、文政十二年十月に斉昭擁立に働いてからである。天保元年（一八三〇）四月からは郡奉行《こおりぶぎょう》、三年五月からは中奥《なかおく》（江戸城の大奥《おおおく》にあたる）に宿直《しゅくちょく》してまで藩主の身辺に仕える通事《つうじ》、六年六月からは御用調役《ごようしらべやく》、そして十一年一月からは側用人《そばようにん》となった。東湖は斉昭の股肱《ここう》の臣として、つねに改革政治の中心にいて、頭脳となった人である。

改革の頭脳となっただけではなかった。東湖は水戸藩と水戸学を代表して、幕府・諸藩の知名の士と積極的に交わった。幕府の有司《ゆうし》では川路聖謨《かわじとしあきら》・岩瀬忠震《いわせただなり》、諸藩の学者では肥後藩の横井小楠《よこいしょうなん》・松代藩の佐久間象山《さくましょうざん》など、東湖は処士横議《しょしおうぎ》の中心に位置していた。内憂《ないゆう》・外患《がいかん》の危機感を抱き改革を唱えた水戸学、その水戸学を体現して改革を実践した東湖であった。その東湖が処罰された。東湖は心苦しみ、発憤して胸中に鬱結《うっけつ》するものを著作によって表現した。その緊張した精神は、つぎつぎと水戸学の代表的名著を生み出した。

弘化元年（一八四四）五月には、「三たび死を決して、しかも死せず」の句を得て「回《かい》天詩《てんし》」を作り、これに解説を加えて漢文の自叙伝「回天詩史《かいてんしし》」を完成させた。八月には斉昭を中心とした水戸藩の天保改革史である「常陸帯《ひたちおび》」を、擬古文《ぎこぶん》でものした。幽閉場所を江戸郊外の小梅村に移されてからは、弘化二年（一八四五）に「正気歌《せいきのうた》」（正式名称は「和二文天祥《ぶんてんしょう》正気歌《せいきのうたにわす》一」）を作った。そして、その年の十二月から翌年一月にかけて、「弘道館《こうどうかん》記述義《きじゅつぎ》」の初稿を書いた。

　弘化三年（一八四六）十二月二十九日、東湖は蟄居を免じられた。まだ遠慮の身ではあったが、水戸に帰った。水戸に帰った東湖は、弘化四年九月二十四日に「弘道館記述義」の再稿本を脱稿した。

「弘道館記述義」の成立

「弘道館記述義」（以下、本章では「述義」と記す）は、藩校弘道館《こうどうかん》の建学の精神を記した「弘道館記」の解説書である。この書の執筆は、側用人時代に命じられていたが、多忙のために再三固辞した。それを弘化になって閑暇《かんか》になったときに、ふたたび内命を受けたので執筆したのである。「述義」は会沢正志斎《あいざわせいしさい》の「新論《しんろん》」と並称される、水戸学のもっとも代表的な著作である。「新論」が政治論とされるのに対して、道徳論ととらえられる。

　東湖にとっても「述義」は、自分の思想をもっともよく表現した著作であった。東湖は弘化四年（一八四七）末に一時重体に陥ったとき、斉昭に宛てて当面の方策を記した書「許々路廼阿登《こころのあと》」を執筆して、高橋愛諸《ちかゆき》に託した。その依頼文の最後に、「神州の大道を明にいたし候に至り候ては、弘道館記述義と申す著述脱稿仕候間、僕が生平の学問見識、他日是《これ》にて御承知可レ被レ下候《くださるべく》」と書いている。

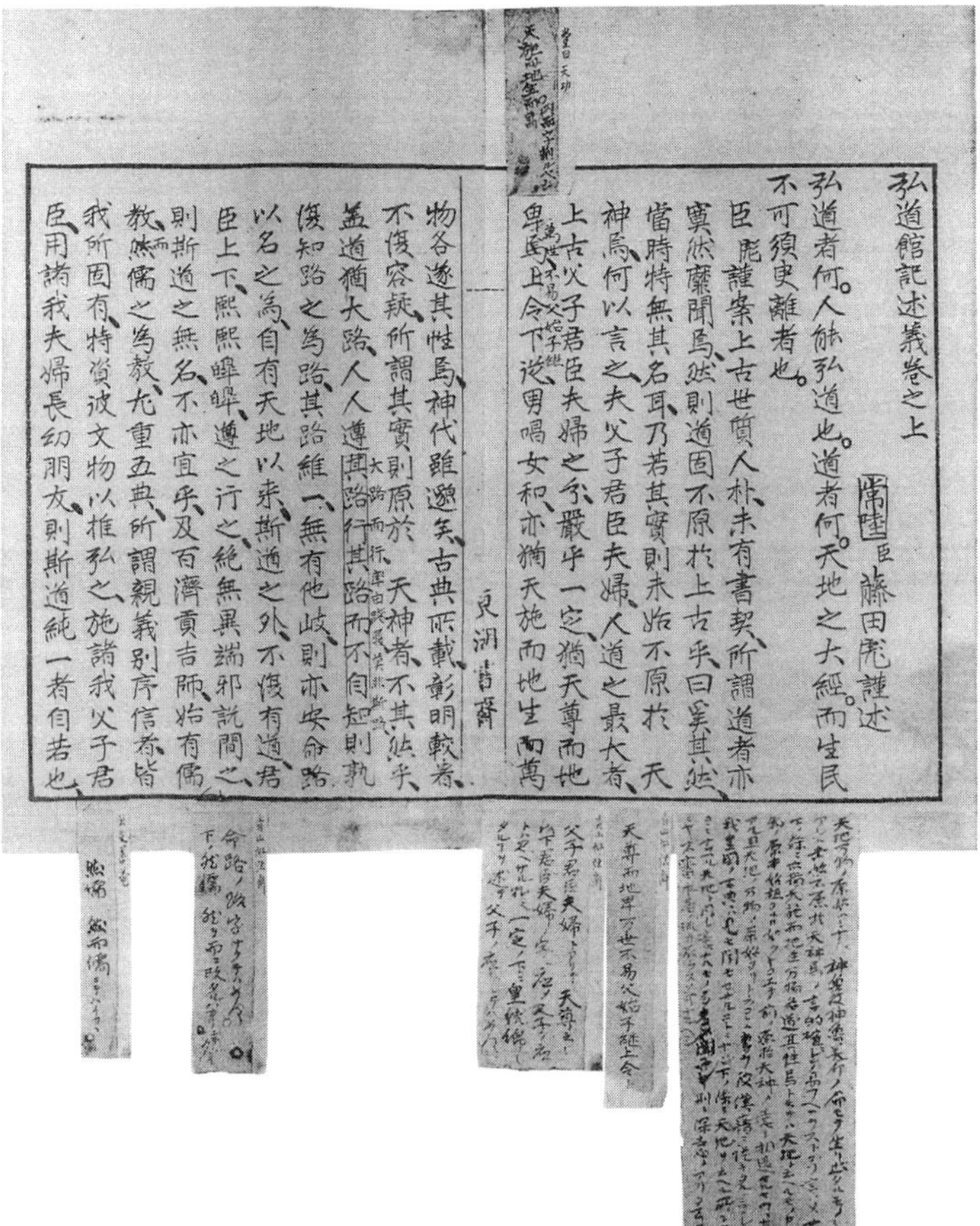

弘道館記述義巻之上

常陸臣藤田彪謹述

弘道者何。人能弘道也。道者何。天地之大經。而生民不可須臾離者也。

臣彪謹案上古世質人朴。未有書契。所謂道者亦寔然靡聞焉。然則道固不原於上古乎。曰奚其然。當時特無其名耳。乃若其實則未始不原於 天神焉。何以言之。夫父子君臣夫婦。人道之最大者。上古父子君臣夫婦之分。嚴乎一定。猶天尊而地卑。臣上令下從。男唱女和。亦猶天施而地生。而萬物各遂其性焉。神代雖邈矣。古典所載。彰明較著。不復容疑。所謂其實則原於 天神者。不其然乎。蓋道猶大路。人人遵其路。行其路。而不自知。則孰復知路之為路。其路維一。無有他岐。則亦安命路以名之為。自有天地以來。斯道之外。不復有道。君臣上下。熙熙皡皡。遵之行之。絶無異端邪説間之。則斯道之無名。不亦宜乎。及百濟貢吉師。始有儒教。然儒之為教。尤重五典。所謂親義別序信者。皆我所固有。特資彼文物。以推弘之。施諸我父子君臣。用諸我夫婦長幼朋友。則斯道純一者自若也。

東湖書齋

図15　「弘道館記述義」（加藤虎之亮『弘道館記述義小解』より）

図16　豊田天功銅像
（茨城県久慈郡里美村賀美小学校内の銅像）

批評者

再稿本を完成させたとき、東湖は自由に誰にでも批評を請える立場にはいなかった。東湖自身が遠慮の身であり、もっとも期待した正志斎は入牢中であった。そうしたなかにあっても東湖は、彰考館《しょうこうかん》で『大日本史《だいにほんし》』編纂《へんさん》の頭取《かしらどり》を勤めた豊田天功《とよだてんこう》（当時、遠慮）、弘道館教授頭取を勤めた青山佩弦斎《はいげんさい》（当時、彰考館勤）、弘道館訓導《くんどう》で後に教授頭取代になった国友善庵《くにともぜんあん》（当時、遠慮）、弘道館訓導で後に助教になった石河明善《いしかわめいぜん》（当時、役切符召放《めしはなち》）の批評を受けた。いずれも改革派の弾圧されるなかで、一定の処罰を受けていた学者である。東湖が同志と頼める存在であったに違いない。

これらの批評のうち天功・佩弦斎・善庵の分は、再稿本に附箋《ふせん》として付けられている。このほかに明善は批評を一冊にまとめてきた。また天功は、別に半紙四ツ折の紙に批評を書いてきた。天功は何回かみたようで、附箋のなかに明らかに桜田門外《さくらだもんがい》の変後のものと認められるものがある。右の四人は東湖の書簡によって批評をしたことが明らかな学者である。再稿本にはこのほかに、国学者の某氏が批評した附箋がある。水戸藩には幽谷の女婿《じょせい》の吉田活堂《よしだかつどう》、息子の璞堂《ぼくどう》らの国学者がおり（ただし、活堂は弘化元年〈一八四四〉没）、この種の批評があっても不自然ではない。

馨しくなかった批評

それでは、どのような批評がなされたのであろうか。具体的には次節にみるとして、およそ馨《かんば》しいものではなかった。たとえば、批評者の一人である天功《てんこう》は嘉永五年（一八五二）閏二月に「述義」の序文を書いたが、天功はそれを、「それ述義の議論の如きは、博弁俊偉《はくべんしゅんい》、往々前人の未だ発せざる所のもの多し。これ人々これを知らん。則《すなわ》ちここに復《ま》た云はず」と結んでいる。天功は東湖の「述義」は、水戸学の伝統からみると新説に富んだものであるといいながら、読めばわかるだろうと、それを紹介し、称讃しようとはしなかった。こうした書き方をしたのは、天功が新説に好意的でなかったことを示している。また東湖は、天功のほかに正志斎《せいしさい》と佩弦斎《はいげんさい》にも序跋《じょばつ》を書いてもらうつもりでいたが、二人はそれを書いていない。

斉昭の内命によって執筆され、漢文で書かれた「述義」は、「弘道館記」の正式な解説書として採用される予定であったとみなしてよい。それゆえにこそ、東湖は困難な情況のなかで、ほかの著作と違って諸儒に批評を依頼したのである。東湖は天功に宛てた弘化四年（一八四七）九月の書簡に、清書を急ぐ旨記している。しかし、再稿本に桜田門外の変後の附箋があることから推察できるように、東湖が「述義」の清書本を執筆した形跡は認められない。こののち、「述義」は筆写されて広く普及し、幕末の尊王攘夷運動に大きな影響を与えたが、水戸学の学者の間では批判が強く、ついに完成されずに終わった著作とみなせるのである。

国学をめぐる水戸の諸家の批判

東湖の天神論

藤田東湖《ふじたとうこ》は「述義《じゅつぎ》」で、三七段に分けて「弘道館記《こうどうかんき》」を解説した。最初の三段は天神論《てんしんろん》である。とくに第一段には、重要な批判が集中した。

東湖は「述義」を、つぎのように書き始めた。彪《たけき》は東湖の名である。

臣彪謹んで案ずるに、上古は、世質《よしつ》に人朴《ひとぼく》にして、未だ書契《しょけい》あらず。所謂《いわゆる》道なるものも、また寞然《ばくぜん》として聞くことなし。然《しか》らばすなはち道は、固《もと》より、上古に原《もと》づかざるか。曰く、なんぞそれ然らん。当時はただその名なかりしのみ。すなはちその実のごときは、すなはち未だ始めより天神に原《もと》づかずんばあらず。何を以《もっ》てかこれを言ふ。夫《そ》れ父子・君臣・夫婦は、人道の最も大なるものにして、上古《じょうこ》、父子・君臣・夫婦の分、厳乎《げんこ》として一定せしこと、なほ天尊《たか》くして地卑《ひく》きがごとし。上令《かみ》し、下従《しも》ひ、男唱へ、女和せしこと、またなほ天施して地生じ、万物おのおのその性を遂ぐるがごとし。神代は邈《ばく》たりといへども、古典に載するところ、彰明較著、また疑ふべからず。所謂《いわゆる》「その実はすなはち天神に原づく」とは、それ然らずや。（中略）蓋し天地あれば、すなはち天地の道あり、人あれば、すなはち人の道あり。天神は生民の本にして、天地は万物の始なり。然らばすなはち生民の道は、天地に原づき、天神に本づくや、また明らかなり。（傍点吉田）

質朴で文字のなかった上古にも、父子・君臣・夫婦の道はあった。まだ道の名はなかったけれども、その実は「未だ始めより天神に原《もと》づかずんばあらず」と高らかに宣言したのである。東湖は比喩《ひゆ》として、それは儒教の宇宙生成論である天が生じ、地が生じ、そして万物が生じたようなものだと述べる。さらに神代は邈然《ばくぜん》としているけれども、古典の記載は明確で、疑うべからざるものであるといって、ふたたび「その実はすなはち天神に原《もと》づく」と強調した。

本居説の採用

東湖は、道は「天神に原《もと》づく」ととらえた。いいかえるならば、道は天神の創造したものととらえたのである。これは明らかに『日本書紀《にほんしょき》』になく、『古事記《こじき》』にのみ出てくる別天神《ことあまつかみ》を造化三神《ぞうかさんしん》ととらえる、本居宣長《もとおりのりなが》の『古事記伝《こじきでん》』の所説にしたがったものである。本居は五柱の別天神のうち、「天地《あまつち》の初発《はじめ》の時、高天原《たかまのはら》に成りませる神」、天之御中主神《あめのみなかぬしのかみ》・高御産巣日神《たかみむすびのかみ》・神産巣日神《かみむすびのかみ》の三柱の神の「むすび」に着目した。「むすび」は生成の意であると解釈して、世界を生み出した「産霊《むすび》」の神、創造神ととらえたのである。

しかし、東湖の解説はその後、ふたたび儒教に傾く。すなわち、「蓋《けだ》し」（思うにの意）以下で、天地と人の道を分けて、「天神は生民の本にして、天地は万物の始なり」といい、つづけて「生民の道は、天地に原《もと》づき、天神に本づく」と、価値の源泉を天地におく、儒教的な口吻《こうふん》をもらすのである。

図17　本居宣長（本居宣長記念館蔵）

この東湖の不徹底さを国学者の某氏は、附箋につぎのように厳しく批判した。

天地万物ノ原始ハ、ミナ神魯岐《かんろぎ》・神魯美命《かんろみのみこと》ノ命モテ、生リ出タルモノニシアレバ、未始不原於天神焉《いまだはじめよりてんしんにもとづかずんばあらず》ノ言、的確ニシテ易《か》フヘカラストコソ言ハメ。サテ下ノ条ニ亦《また》、猶《なお》天施而地生万物各遂其性焉《てんほどこしてちしょうじばんぶつおのおのそのせいをとぐるがごとし》ト云テハ、天地ト云ヘルモノカ万物ノ原本始祖タルカ如クキコエテ、前ノ原於天神《てんしんにもとづく》ノ意と相違セルヤウニナンアル、且《かつ》天地ニ万物ノ原始タリト云コトハ、専《もっぱ》ラ彼漢籍ニ説タル言ニシテ、我皇国ノ古典ニハ見モ聞モセサルコトニナン。下ノ条ニ天地ヲ云ヘル所、ミナコヽニ言ヘル天地ト同シ意ナルモノ多クコソ聞ユレ。別ニ深慮ノアリタマフコトニヤ。不審。

『古事記』によれば、神魯岐《かんろぎ》＝伊邪那岐命《いざなぎのみこと》と神魯美《かんろみ》＝伊邪那美命《いざなみのみこと》は、別天神《ことあまつかみ》に「このただよへる国を修理《つく》り固《かた》め成せ」と命じられて、国土・山川草木を生み出したのである。この国生《くにう》み神話にもとづく某氏は、天地を「万物ノ原始」と説くのは漢籍に説くところであって、わが国の古典にはないものであるから、「猶《なお》《ごとし》」と「蓋《けだし》」以下の訂正を求めたのである。この見解に対して青山佩弦斎《はいげんさい》は、「本居ノ流カ取ラスシテ可ナルヘシ」と朱筆を加えている。

青山の訂正要求

本居説の不採用を主張した佩弦斎は、東湖の天神論に、つぎのように厳しい批判を加えた。故先生とは、藤田幽谷《ゆうこく》のことである。

六合《りくごう》之《の》外《そと》聖人《せいじん》存《そん》而《して》不レ論《ろんぜず》ノ語ハ、故先生屢《しばしば》御誦被レ成《なされ》候。聖人荒唐ノ説ナキハ、欠疑慎言ノ至也。易ニ有二天地一《てんちあり》云々モ、其理ヲ推《おし》テ被レ仰《おおせられ》タルニテ、実事ヲ見タルヤウニハ不レ被レ仰《おおせられざる》也。神代紀《しんだいき》等ハ古俗ノ伝説カ、又記者准南子《えなんじ》等ニ本ツキタルカ、何《いず》レ是《これ》ハ伝説ノマヽニテ存シ置キタル方、穏ナルベシ。本居輩ノ是《これ》ヲ主張ノ強弁スルハ、耶蘇《やそ》ノ説ニ近キ弊モ生センカ。天地万物《てんちはばんぶつ》之始《のはじめ》ノ句、本居トハ異ナレトモ、後生ノ疑トナランモ難レ計《はかりがたし》。且《かつ》此一句ナキ方、文理も明潔ニシテ可レ然《しかるべき》カ。猶又御細思ノ事。

佩弦斎は、聖人は現実世界のことしか論じないと幽谷はよくいっていたと述べて、聖人が疑わしいことを論じないのは、言行の慎みの至りであると、学問的な基本的態度を明言する。そして、『易経《えききょう》』の合理的な天地生成説を支持した。一方、記紀の神代紀などの神話は「古俗ノ伝説カ」、中国古代の伝説を記した『准南子《えなんじ》』などにもとづいたものであるから、伝説として取り扱うべきだと主張した。かくして本居説は、耶蘇《やそ》＝キリスト教に近いとまで、当時としてはもっとも忌《い》むべき表現をもって批判して、東湖に天神論の訂正を求めたのである。

国友の修正案

ところで、佩弦斎は「天地万物之始《てんちはばんぶつのはじめ》」は本居とは違うが、誤解をまねくので削ったほうがよいと述べている。佩弦斎の附箋は、直接的には「蓋《けだし》」以下の「天神は生民の本にして、天地は万物の始なり」につけられたものである。

この文には国友善庵《くにともぜんあん》が、つぎのような修正案を出している。

神代紀ニハ、天神天地ニ先テ生スルヤウニモアレトモ、易《えき》ノ有二天地《てんちあり》一然後《しかるのち》万物生《ばんぶつしようず》ト云方道理ニアルヘケレハ、天地、、天神生民之始《てんしんはせいみんのはじめ》トナサレテハ如何《いかが》。下ノ然則生《しからばすなわちせい》民《みん》云々ヘモ、サシテサワリモナキヤウ也。上ノ詩曰天生二蒸民一《しにいわくてんじょうみんをしようず》ヘモ叶イ（ママ）候様ナリ。

善庵も『易経』の天地生成説を支持して修正を求めたのであるが、なぜ「天神生民之《てんしんはせいみんの》始《はじめ》」と、「本」から「始」に直せと提案したのであろうか。ここに彼らの天神観がかいまみられる。

天神観

佩弦斎が論拠とした幽谷の天神観とはいかなるものだったのであろうか。嘉永三年（一八五〇）に会沢正志斎《あいざわせいしさい》が幽谷の学問を回顧した書「及門遺範《きゅうもんいはん》」によれば、「天神の創業・列聖の経述」とある。天神は始めた存在なのである。また「天祖天孫、固《もと》より天と一つなり」と述べて、神天合一思想を展開したと記している。ここでいう天神と天祖（天照大御神《あまてらすおおみかみ》）とは、いかなる関係にあるのであろうか。

幽谷たちによって修正された『大日本史《だいにほんし》』の特徴の一つは、巻頭に天照以下の神話を略述した点にある。天照より以前の天神に正志斎が言及しないことは、さきに述べた。幽谷も同様なのである。ところで、正志斎の「新論《しんろん》」によれば、天神とは、「古《いにしえ》者《は》、専称すればすなはち天祖と曰《い》ひ、群神を該《か》ぬればすなはちまた天神と曰ふ」とある。天照だけをとらえたときには天祖といい、ほかの神がみと一緒にとらえたときには天神というのである。幽谷はもちろん「新論」を高く評価していた。したがって、天照より以前の天神を認めなかった幽谷の天神観も、これと同じであったとみなせる。

幽谷以来の水戸学の天神とは、国家社会を創始した天照を中心とする神がみである。しかし、彼らは窮極的な価値の源泉ではない。「神天合一」と、あくまでも儒教的な天を背景においっているのである。したがって、天神は始めであって、天（地）こそがもと（本・原）とされるのである。

もう一人の批評者である豊田天功《とよだてんこう》は、附箋《ふせん》では天神についてなにも述べていない。しかし、新説に否定的であった「述義」の序文では、つぎのように記している。

何を神聖一源の大道と謂《い》ふ。蓋《けだ》し天祖の鏡剣を以て天孫に伝へ、下土に降臨《こうりん》するより、神明の象見《あら》はれ、君臣の分定まり、父子の倫立ち、万方統御の道行はる。

天照が皇孫瓊瓊杵尊《ににぎのみこと》に三種の神器《しんき》を授けて、下土に降臨させて以来、君臣・父子の人《じん》倫《りん》が成立し、国家が成立したと述べて、天照以来の創建を説いている。東湖のように天神に価値の源泉を求めてはいないのである。

天を否定　東湖は国学の本居説を採用して、別天神《ことあまつかみ》を創造神ととらえた。これに対して、佩弦斎・善庵・天功の諸儒は厳しく批判した。一方、東湖は儒教的な価値の源泉である天地についても、「猶《なお》《ごとし》」「蓋《けだし》」といいつつも説いた。これに対しては、国学の某氏から批判された。東湖は矛盾しているのである。しかし、東湖は第四段の「其所以照臨」の解説のなかで、「神州の祭祀《さいし》の道は、遠く神代より起る。而《しか》して「天」と云ひ、「上帝」と云ふものは、上古《じようこ》聞くことなし」（上帝は天を人格化した概念）と、儒教の天の概念は古代の日本にはなかったと明言し、「固《もと》より彼の異邦《いほう》の主の、皇天・上帝を蒼《そう》蒼漠漠《そうばくばく》の中に求むるものの比にあらざるなり」（蒼蒼漠漠は青く広いさま）と、儒教的な天に価値の源泉を求めてはいないのである。

　そのうえ本居は、天照《あまてらす》の本国である日本は、正しい伝説の伝わった国であるととらえ、『古事記』に記されたまま事実として信奉した。東湖も同じく、「古典に載するところ、彰明較著、また疑ふべからず」と、日本の古典を信奉する態度であった。

　明らかに東湖は国学の立場に立っているのである。東湖が「猶《なお》」「蓋《けだし》」と比喩的ないい方であるが、儒教的な天地を繰り返したのは、一つには水戸学の神儒《しんじゅ》一致の方針に規制されていたからである。より積極的な理由としては、儒教に学びながら儒教を漢意《からごころ》として一様に否定した本居と違って東湖は、「乃若西土唐虞」の段で「彼の長ずるところを貸《と》り」「賛《たす》け」とすると述べたように、日本を考察するうえで、儒教の意義を評価していたからである。ただし、それはもはや「賛《たす》け」という補助的な手段の位置づけでしかなかった。

東湖は天神を創造神ととらえることによって、道を他国にはない日本に固有のものと認めて、水戸学の尊王絶対化の思想を理論的に強化した。ところで、価値の源泉を論じたこの観念論は、いったい、いかなる政治的な意味をもつのであろうか。この点を批判してきたのが、石河明善《めいぜん》であった。

明善の批判

明善は三点の批判を一冊にまとめてきた。三点の批判とは、「道の外、是《ぜ》非《ひ》とも国学口気《こうき》培養《ばいよう》、毎句剖析」である。この議論に対して東湖は、「右は野生も少々御問答申度《もうしたき》事も御座候」と、反論する姿勢をみせている。

第三点の「毎句剖析」とは、「弘道館記」中の「宝祚《ほうそ》以レ之《これをもって》無窮《むきゅう》、国体以レ之尊厳、蒼生《そうせい》以レ之安寧《あんねい》、蛮夷戎狄《ばんいじゅうてき》以レ之率服」（宝祚は皇統、蒼生は人民の意）を東湖は、「四者循環」として解説したのに対して、明善は文中の「之《これ》」は道なのだから、四者は並行した現象としてとらえるべきだと批判したのである。道の普遍性を強調する立場からの批判である。

第二点の「是非とも国学口気培養」とは、東湖が「蒼生」の段で、日本では人民を「大宝《おおみたから》」といって重んじたと称讃したのに対して、儒教においても人民を重んじると反論した。そして、「述義」にはこのような国学者の口気がみられると批判したのである。明らかに国学への批判である。

明善は諸儒たちと同様に、儒教の立場から国学的な東湖を批判したのである。そして、もっとも重要な点は、第一の「道の外」である。明善はつぎのように批判した。

此御論本文に相違に相成可レ申歟《もうすべきか》。御論は至極尤《もっとも》に御座候へども、御記文には以レ之《これをもって》と有レ之《これあり》候て、道の一字貫居候へば、是《こ》れ道の所存を御敷衍《ごふえん》被レ成《なされ》、其上にて加レ之《しかのみならず》地霊人傑《ちれいにひとけつに》などと、土風の事と相成被レ成《なされ》候はば宜《よろしく》候へども、国体の尊厳を皆帰二於風俗一《ふうぞくにきし》候ては御記文に相当不レ申《もうさず》候。

国体と風俗

批判の対象となったのは、「国体以之尊厳」の段である。明善はここでも「之《これ》」は道であるから、「弘道館記《こうどうかんき》」の趣旨どおりに道の意義をまず説いて、それから風俗に言及すべきなのに、東湖は「国体の尊厳」を風俗に帰していると批判したのである。問題の箇所には、つぎのように記されている。

後世に至るに及び、士、なほ廉恥《れんち》を重んじ、怯懦《きょうだ》を卑しみ、名を汚し先を辱しむるを以《もっ》て戒となし。忠義孝烈《ちゅうぎこうれつ》、その人に乏しからず。丹心血誠《たんしんけっせい》、天日に誓ひ金石を貫き、しかもその跡迫《せま》らず、流風馨るがごとく、余情掬《きく》すべきものは、皆上世遺俗の然《しか》らしむるところにして、これを要するに、自から一種の藹然《あいぜん》たる気象あり、海外異邦の企て及ぶところのものにあらず。蓋《けだ》し国体の尊厳は、必ず天地正大の気に資《と》るあり、天地正大の気は、また必ず仁厚義勇《じんこうぎゆう》の風に参するあり。然らばすなはち風俗の淳漓《じゅんり》は、国体の汚隆、ここに繋《かか》る。（迫らずは、おちついているの意。掬すは、両手ですくいあげるの意。藹然は、さかんなるさま、おだやかなさま。淳漓は、厚いと薄い。）

東湖の文章は美文で修飾的な語句が多い。それはそれなりに重要な意味をもっているのだが、ここでは要点だけを意訳すると、「後世になっても立派な武士がつぎつぎと出現するのは、古代以来の遺俗のおかげである。日本には一種の藹然たる気象が漲《みなぎ》っていて、外国とは違っている。思うに国体の尊厳は、仁に厚く義に勇ましい美風にもとづくのである。それゆえに風俗のよしあしは、国家が盛えるか衰えるかの原因となる」の意である。たしかに明善の指摘するように、東湖は「国体の尊厳」は、古代以来の風俗によって維持されていると認めたのである。明善の表現にしたがえば、「風俗に帰」したのである。

風俗観の転回

東湖が「国体の尊厳」を風俗に帰したことは、儒教によった幽谷《ゆうこく》以来の風俗観とは、まったく異質なものであったことを意味する。儒教において支配とは、民衆を道徳的に教化して、上下的な人間関係を重んじる風俗を民衆の間に形成することであった。徂徠《そらい》学にあっては、支配そのものが教化であるとされたが、支配に従順な風俗を形成するという意味では変わりない。正志斎《せいしさい》の「新論《しんろん》」の序文にも、「治化洽浹《こうしょう》し、風俗淳美に、上下義を守り」（洽浹はゆきわたること）とあった。儒教の立場に立つかぎり、民衆は教化、教え導く対象であり、民衆の間に上下秩序を重んじる風俗を形成するということが、支配の目的だったのである。それゆえにこそ、幽谷・正志斎は教化を説いたのである。

儒教的な風俗観を一八〇度回転させたのは、本居《もとおり》であった。本居は、日本が万国の本国である論拠の一つに、「正直重厚《しょうじきじゅうこう》なる風儀にて、何事もただ古き跡により守りて、軽々しく私智を以《もっ》て改むる事はせざりし」（「玉くしげ」）と、理想的な風俗である点をあげた。そして、天照《あまてらす》の本国として万国に勝れた日本では、道はおのずから備わっているので、ことさらに教えさとす必要はないと、教化を否定したのである。本居によって風俗は支配の目的ではなく、国家の基盤とされたのである。

教化を説いた幽谷・正志斎は、民衆に激しい不信感を抱いていた。これに対して、本居の所説を採用した東湖は、「国体の尊厳」は古代以来維持されてきた風俗にもとづくと認めた。風俗とは、なによりも民衆の間で形成されるものである。道による教化を説くことなく、民衆の間に現実に存在する風俗を肯定した東湖は、民衆を信頼しているのである。民衆を支配のための教化の対象としてとらえるのではなく、そこに国家の基盤を見出しているのである。

明らかに本居の所説を採用した東湖の思想は、幽谷以来の水戸学の系譜のなかでは異質である。それでは、なぜ幽谷の息子の東湖が、異端的な存在になったのであろうか。

国学と東湖

東湖は弘化四年（一八四七）九月に、「述義」再稿本の上巻の批評を天功《てんこう》から受け、その御礼と下巻の批評を依頼した書簡に、「上巻の方は兼《かね》て御承知の通り、神道集成《しんとうしゅうせい》之事に付少々考究候仕事ゆへ、乍レ不レ及《およばずながら》愚見を述候」と、上巻には東湖の思想が展開されており、それは『神道集成』を担当した成果であると述べている。東湖が神書取調《しんしょとりしらべ》に任命されたのは、天保三年（一八三二）の末である。

『神道集成』は、神道関係の文献を集めた書である。徳川光圀《とくがわみつくに》によって寛文十年（一六七〇）にいちおう完成したのちも、元禄二年（一六八九）、享保十五年（一七三〇）、文政三年（一八二〇）と改訂版が作られた。それにもかかわらず、天保年間にふたたび改訂作業をした理由は、神儒《しんじゅ》一致の原則のもと、神道関係のたしかな文献を大規模に網羅しようとしたからに違いない。神書取調に任命されたころの東湖は、「兎角《とかく》近来は読書のみ専一に取懸」（「佐久間猟介に復せし書」）る状態であり、多忙な政務のなかにありながら、よく神書局に出仕していた。

ところで当時、神道関係で最高の業績をあげていたのは、本居以来の国学であった。天保八年（一八三七）の「弘道館記」の徳川斉昭《なりあき》の裁定文には、「神皇ヲ奉ジ、孔子ヲ敬」すと、神儒一致の原則のもと、等距離であることが示されていた。それが、天保十三年の斉昭による弘道館の学生の成績評価の基準では、第一等は和漢に通じる者、第二等は和に通じる者、第三等は漢に通じる者と、明らかに国学へ傾斜しているのである。幽谷以来の水戸学者は儒者であった。しかし、水戸学は本居以来の国学の成果を無視できなかったのである。いかに取り入れ、調和をはかるかが課題になっていたのである。

国学批判

東湖はそれを担当した。「述義《じゅつぎ》」において東湖は、国学のたしかな考証による成果を評価している。しかし、国学に対してかなり批判的でもあった。たとえば、東湖は天保年間に平《ひら》田《た》篤胤《あつたね》を神書取調のために彰考館《しょうこうかん》に推薦しているが、その推薦書には、「甚《はなはだ》僻見怪説《へきけんかいせつ》も不ㇾ少《すくなからず》候」と書いている。復古神道《ふっこしんとう》を提唱した平田に典型的にみられる古典を曲解したり、飛躍した言説には賛成しなかったのである。

所説を採用した本居に対しても、かなり批判的である。たとえば、「奉神州之道」の段では、「吉凶禍福《きっきょうかふく》を挙げて、これを直毘《なおび》・禍津日《まがつひ》の二神に付」すと、この世の善悪は人力をこえて、善神である直毘神と悪神である禍津日神の司るところであると説く本居説を批判している。また、本居以来の国学が儒教の意義を完全に否定する態度には、強く批判的であった。

改革の成果

天保年間、水戸学は国学の興隆を前にして、その成果を取り入れ、折衷をはからなければならなかった。東湖はそれを担当した。しかし、東湖が国学に学び、その成果を積極的に取り入れるには、もう一つの契機が必要であった。それは改革の実践であり、挫折である。

天保改革において藤田派は、農村の実体、現実を正しくとらえて、治政を施そうとした。検地にそれはよく示されていた。商品経済の発展も認めるようになった。藤田派は民衆のあり方を肯定的にとらえ、信頼するようになったのである。この反映が「述義」には認められる。「嗚呼《ああ》我国中士民」の段には、つぎのように記されている。

今や太平《たいへい》日久しく、民俗澆漓《ぎょうり》し、農夫或は末業《まつぎょう》に趨《はし》り、工商或は奸利《かんり》を射る。然《しか》れども米粟布帛《べいぞくふはく》、凡百の器財は、天下の人これを用ひて尽きざれば、すなはち三民なる者もなほ未だことごとくその業を懈《おこた》らざるなり。

ここで東湖は、民俗が薄く（澆漓）なっているので、農工商三民のなかによくないものがいると指摘して、風俗が悪いと主張しているかのようである。しかし、これは当時の識者の一般論を受けて書いたとみるべきで、力点はそこにあるのではない。「或は」とあって例外的事例として語られている。むしろ衣食などの物資が生産され、人びとが消費している現実を重視して、三民全体は職責を全《まっと》うしていると確認している点が重要である。これと対照して東湖はつづけて、つぎのように説いた。

夫《か》の文教闕《か》け、武備廃し、下情《かじよう》通ぜず、徳沢《とくたく》降らず、邦家《ほうか》の勢、日に危殆《きたい》に赴《おもむ》くもののごときは、たれかその責に任ずる。豈《あ》に独り人を治むる者の、その職を廃するの致すところにあらざるや。

東湖は危機に陥った責任を武士に認めるのである。とくに門閥《もんばつ》層に対しては、「爾来《じらい》百数十年」の段では、身分の低い非農業民以下の存在であると批判している。

東湖は民衆を信頼しているのである。右の文は、初稿本でもほぼ同じである。しかし、民衆への信頼は江戸での幽囚《ゆうしゅう》中は、まだ一歩、踏み込めなかった。それは国学の導入によく表われている。

水戸で確立

「常陸帯《ひたちおび》」は弘化元年（一八四四）から二年にかけて書かれたものである。そこでは、「皇朝の風俗万国にすぐれて貴し」と書かれたが、その一方で、「大和魂《やまとだましい》満ちわた」っていない段階なので、海外雄飛はできないと書かれている。また、弘化二年から三年にかけて江戸で執筆された「述義」初稿本においては、道は天神ではなく、「神代に原《もと》づく」と記され、国体の尊厳も風俗ではなく、「宝祚無窮《ほうそむきゅう》」に帰せられているのである。

「述義」再稿本は水戸で執筆された。当時の水戸は、弘化元年（一八四四）五月六日の改革の挫折以来、斉昭宥免《なりあきゆうめん》運動が展開された。この運動には改革派の藩士のみでなく、豪農層はじめとする広汎な民衆が参加した。改革派は門閥保守派によって幕府に訴えられ、逆に民衆に支持された。このことが、水戸に帰った東湖の民衆観をさらに変えたといえる。東湖は、民衆への信頼を深め、その理論的背景として本居説を採用したのである。

東湖は水戸学の学者の間では、異端的な存在になっていた。しかし、水戸学全体のなかでは、東湖は改革政治を指向する水戸学の改革派の中心であり、水戸学が神儒の折衷をはからなければならないときに、それを担当し、国学、本居学の論理を導入しただけに、東湖は、水戸学の正統的な中心に位置するのである。

朱子学に関する東湖の正志斎批判

正志斎を信頼

藤田東湖《ふじたとうこ》は天保の末ころから、思想的な孤独感を感じ始めたようである。そうしたなかにあっても、「実に先大人《うし》の御学問、先々会翁 幷《ならびに》 私二人のみに残り居、扨《さて》々危き事に御座候」（「母堂宛書簡」）と、弘化二年（一八四五）段階においても、会沢正志斎《あいざわせいしさい》をたしかな藤田幽谷《ふじたゆうこく》の思想の継承者として評価していた。それゆえにこそ、東湖は「回天詩史《かいてんしし》」を書いたときも、「常陸帯《ひたちおび》」を書いているときも、「正気歌《せいきのうた》」を作ったときも、正志斎と連絡をとったのである。

「常陸帯」に関しては、正志斎と東湖の間に多少の行き違いのあったことが認められる。東湖は「常陸帯」を完成するために、検地の達《たつし》をみたかったのであるが、期待に反して正志斎は、本をみてからと断ってきた。正志斎が検地の達を渡さなかった理由は、思想的な違和感を抱いていたためか、それともたんに改革派の弾圧される政治情勢のなかで、機密にわたる文書をたしかな著作と確認できないかぎり渡せなかったのかは、明確でない。しかし、少なくとも東湖のほうは、思想的な問題は感じていなかった。その後、「述義」の再稿本を完成させたときも、序文か跋文《ばつぶん》を書いてもらうつもりでいたし、そのうえ、「会翁帰家の上、脱稿可《いたすべく》レ致相待候」（「石河明善宛書簡」）と、「述義」の完成のために、正志斎の釈放を待ったのである。

乖離する二人

正志斎は嘉永二年（一八四九）四月十四日に禁固を解かれた。このころから、東湖の正志斎に対する評価は降下してくる。嘉永二年二月十二日、東湖は原田《はらだ》成祐が息子たちの入門を依頼してきたとき、「会翁も七十に近く」といって、いい師匠はいないと返信に述べた。さらに四年五月二十九日に豊田天功《とよだてんこう》に宛てた書簡には、原田の家について記した「環翠堂記《かんすいどうき》」を東湖は書いて、正志斎に批評を乞うたが、「近来気根薄く」なったといって、国事に関係することも記したのに、正志斎はろくに批評しなかったと、東湖は書いている。しかし、この時期の正志斎に「気根」の衰えを認めることはできない。むしろ著作活動は旺盛《おうせい》である。

東湖と正志斎の関係は、嘉永年間に急速に乖離《かいり》していった。嘉永三年（一八五〇）冬、正志斎は幽谷の学問を語った書、「及門遺範《きゅうもんいはん》」を著わした。その序文には、つぎのように書かれている。

安《やすし》（正志斎の名）、かつて藤先生の門に遊ぶ。もとより譾劣寡陋《せんれつかろう》、なんぞ敢《あ》へてみづから先進に比せん。然《しか》れども幼より従遊し、歳月もつともふるし。幸に先生の人に誨《おしえ》るの始終を聞見するをう。今や先生を見ざること、すでに久し。しかして安もまた老《ろう》憊《はい》せり。ひそかに恐るるは、先生教養の遺軌、後輩或は未《いま》だこれを詳《つまびらか》にせざることを。すなはち、及門の日に親炙《しんしゃ》聞見するところのものを録し、以て他日の一考に備へん。もし、その先生の家庭の訓は、すなはち斌卿《ひんけい》（東湖の字）、もとよりすでに紹述して余りあり。安の論列を待たず。

なぜ正志斎は、幽谷の学問を後輩に伝えるために著わしたと記したのちに、「家庭の訓」は東湖が紹介しているなどと、わざわざ記したのであろうか。「家庭の訓」は、学問・思想に関わらないとでもいうのであろうか。もちろん、そうではないであろう。これは、両者の幽谷理解に違いがあったことを暗示しているのである。そして、正志斎はこの書を東湖に送らなかった。

「及門遺範」批判

一方、東湖の態度も異様である。嘉永四年（一八五一）七月十一日の天功宛書簡に、東湖はつぎのように記している。

及《きゅう》門《もん》遺《い》範《はん》とか申すもの出来候由、先頃茅根《ちのね》より承候処《ところ》、いまだ寓目不㆑仕《ぐうもくつかまつらず》候。尤《もっとも》翁の意、先人晩年之事は僕等承知候へ共、僕等未生已前《いぜん》之事、磨滅《まめつ》可レ致《いたすべし》と申処を懸《け》念《ねん》候而《て》、述候歟《か》に候得《そうらえ》ば、定《さだめ》て晩年の見とは相違の事も可レ有レ之《これあるべき》歟《か》。いづれ寓目仕度候へ共、考経 中庸《こうきようちゆうよう》の釈義、去年より打込置候ゆへ（ママ）、翁怒て此度の著作は廻し不レ申《もうさざる》歟《か》とも被レ存《ぞんぜられ》候。

ここにある「孝経中庸の釈義」とは、正志斎が天保十年（一八三九）に著わした「中《ちゆう》庸釈義《ようしやくぎ》」と嘉永二年（一八四九）に著わした「孝経考」のことであろうか。いずれにしても東湖はこの時期、正志斎の著作を読もうとはしなかったのである。それにしても正志斎は、東湖の父親の幽谷の学問について語った「及門遺範」を、半年以上たっても東湖にみせていない。一方、東湖もまだ一読もしていないのに、それは幽谷の「晩年の見とは相違」したものもある、「僕等未生已前之事」と見放しているのである。

朱子学をめぐって

東湖には早くから、幽谷の晩年の思想は、壮年のときと違うとの理解がある。文政十二年（一八二九）八月、幽谷が書いた『大日本《だいにほん》史《し》』志類《しるい》の草稿を提出するように命じられた東湖は、「草稿□□等、何《いず》れも次郎左衛門（幽谷の通称）壮年之節認候分にて、大に晩年之見と相違之事抔相見候《などあいみえそうろう》」（「己丑史局日《きちゆうしきよくにつ》記《き》」）と述べている。ところで、東湖に学んだ水戸藩出身の明治の歴史学者菅政友《かんまさすけ》は、東湖の正志斎批判として、つぎの「伯民《はくみん》ト東湖ノ朱説《しゆせつ》ニ就テノ話」を伝えている。

伯民（正志斎の字《あざな》）翁ハ、幽谷翁ニ学ビタルガ、平常ノ議論多クハ経書ニモトヅケリ。其説スベテ考証ニ出デ、其旨トスル所ハ、身ヲ修メ国ヲ治ムルノ要ヲトツトメラレシナリ。サレドイタク朱晦庵《しゅかいあん》ノ説ヲヤブリツレバ、東湖翁、アル時書ヲ贈リテ、朱子ノ説クトコロ大カタハゲニモト覚ユル言ナレド、ソノウチ空理ニ出デ、禅学ニ似タルナド、ウケ難キコトヲバ先人モ弁ゼラレタリ。サルヲ朱説ヲバ押ナベテイタク言ヒクダサンニハ、理ニモカナハズ、先人ノ意ニモモトレリ。トイハレタレド、伯民翁イカ、答ヘラレケンシラズ。東湖翁ノ書稿ハ健（東湖の息子）ノ家ニ残レルヨシ健イヘリ。翁モ晩年ニハツトメテ朱説排セシ事ノ非ナルヲバ、シバシバイハレシ由ナリ。（傍点吉田）

正志斎の学問は、「経書《けいしょ》ニモトヅ」く徂徠《そらい》学であり、そのために幽谷の朱子学理解から逸脱《いつだつ》していると、東湖が批判していたというのである。文政十二年（一八二九）に東湖が幽谷の志類の草稿をみて、「晩年之見と相違」と思ったのは、それが個人の道徳性をあつかう紀伝と違って、制度史・文化史をあつかう志類の草稿だけに、各分野の独立性を認めた徂徠学的なものだったと推測できる。そして、嘉永四年（一八五一）に東湖が天功《てんこう》に、正志斎は「僕等未生已前《いぜん》之事」を書いたのだろうと述べた内容は、幽谷の思想が徂徠学的に描かれているということを意味するのであろう。東湖は、幽谷は徂徠学から晩年には朱子学的に変わったと理解し、それゆえに壮年以前の幽谷そのままであると認めた正志斎を批判したと理解される。たしかに幽谷と正志斎の間に思想的に微妙な違いのあった点はさきに指摘したが、しかし、晩年の幽谷の思想が正志斎と違っていたといえるほどのものであったとは思えない。

幽谷理解

正志斎が「新論」を著わしたとき、幽谷は深く感動したが、それは幽谷の死の前年の文政八年（一八二五）のことであった。そのうえ、弘化年間までの東湖は、正志斎を幽谷の思想を継承したたしかな先学ととらえていたのである。

水戸学は内憂・外患の危機感のなかから、いかにして欧米列強と対抗できる国家を築くかを模索した思想である。そのためにあらゆる学問・思想に学んだ折衷的な思想であった。幽谷・正志斎は徂徠学を核心としていた。しかし、だからといって幽谷が朱子学を否定したわけではない。それを幽谷の思想のなかにいかに位置づけ理解するかは、幽谷との関係の持ち方によって違わざるをえなかった。正志斎が「家庭の訓」といった所以《ゆえん》である。

幽谷はかなり情熱的な人であった。たとえば、東湖が八、九歳のころ、文天祥《ぶんてんしょう》の「正気歌」を東湖に教えた。その様子は、「誦《しょう》するごとに盃を引き節を撃《う》ち、慷慨奮発《こうがいふんぱつ》」（和二文天祥正気歌一）であったと東湖は伝えている。幽谷は息子の東湖に、つねに情熱的に道徳的な責任、修養を説いたのである。東湖は幽谷の朱子学的な側面を強く受けたのである。

東湖が朱子学的な理気論を論じることはないが、東湖は朱子学を肯定的にとらえる。「述義」の「奉神州之道」の段では、「洙泗《しゅし》（孔子の学の意）に泝洄《そかい》し、参するに後人の説を以《もっ》てし」と述べている。「後人の説」の最たるものは、もちろん朱子学である。そしてつづけて、「これを以て己を修め、これを以て人を治め」と述べている。東湖においては、「修己治人」、道徳と政治は連続しているのである。すなわち、朱子学的なのである。

正志斎と朱子学

これに対して正志斎は、師弟といっても七歳違いで、幽谷とともに危機を克服するための国家論の形成に努めた関係にあった。正志斎は朱子学を消極的にしかとらえない。正志斎の朱子学理解は、自身の学問を語った「下学邇《かがくじ》言《げん》」によく示されている。そこでは、心性を論じて「大に世に益あり」と修養の学として朱子学を評価するが、その場合でも「聖経《せいけい》の外」で「人心を正」したと批判する。そのうえ、その門流になると「専ら性理《せいり》を説」く、とるにたりない存在になっているとみなしている。それは朱子学が本来禅宗に学んでいるからであって、朱子学とは「道心を求む」る思想であると正志斎は理解している。

正志斎は聖人から離れ、心の問題、性理説にかたよりすぎた点に朱子学を批判していたのである。そうした正志斎は、「弘道館記《こうどうかんき》」の和文の解説書である「退食間話《たいしょくかんわ》」において、道のとらえ方について、「己々が心性《しんせい》を治るばかりを道と思へ共」と批判し、「広く天下の人をして、人倫《じんりん》の大道に由らしむるを云ふ」と指摘している。ここでも正志斎は徂徠《そらい》学的であり、これでは道徳と政治は連続していない。正志斎はあくまで国家の側から、支配のために発想しているのである。

なぜこの時期に

なぜ東湖はこの時期に正志斎を批判したのであろうか。一つの理由は、水戸の諸家の批判に対して、彼らの奥に控える正志斎への反批判という意味があったであろう。しかし、それだけではありえない。この時期は改革が挫折し、改革派が弾圧されていた。一人ひとりはなにをしなければならないか、道徳的責任が強く問われていたときである。そうしたなかで東湖は道徳の書「述義」を執筆した。東湖の一人ひとりに道徳的自覚を求める精神は、次節に述べるように激しいものである。それにもかかわらず、正志斎の国家論では個人の道徳性は、秩序のなかに埋没してしまいかねない。それゆえにこそ、東湖はこの時期に正志斎との朱子学理解の違いを意識し、問題とせざるをえなかったのである。

国学との相違

東湖は、朱子学的な道徳性を重視した。このことは正志斎に対する批判であるのみならず、本居《もとおり》に対する批判であり、国学と水戸学とが本質的に政治的性格を異にすることを明示するものである。

本居にとって道とは、皇祖神《こうそしん》によって作られた天皇の天下を治めるためのものであった。

本居にとって神は絶大であった。東湖も批判したように、善事は直毘神《なおびのかみ》の、悪事は禍津日《まがつひの》神《かみ》の所為《しょい》と、人間の道徳的責任を抹殺《まっさつ》するほどであった。本居学においては、人間は主体性をもてないのである。それゆえに人間は政治的には、「すべて下たる者、よくてもあしくても、その時々の上の掟のままに、従ひ行ふぞ、即《すなわち》古の道の意《こころ》には有ける」（「宇比山《ういやま》踏《ぶみ》」）と、ただ支配に柔順に服従するだけである。本居は被治者の側の思想家として、幕藩体制を肯定していたのである。

　これに対して東湖は、修己治人《しゅうこちじん》の道徳を一人ひとりがもつように説いた。各人の道徳的修養は政治に昇化しなければならないと説いたのである。「述義」は一見、これを弘道館《こうどうかん》の学生に説いているようにみえる。しかし、この道徳は次節にみるように、広く一般に普及することが期待されたのである。

それでは藤田東湖《とうこ》は、具体的にどのような道徳性を求めたのであろうか。それをここではまず、水戸学が学問的基礎とした四綱目《しこうもく》、忠孝一致《ちゅうこういっち》・文武一致《ぶんぶいっち》・学問事業一致・神儒《しんじゅ》一致に関する「述義」の解説をみることによって明らかにしよう。

四綱目

四綱目の前段である「嗚呼《ああ》我国中士民」では、農工商三民がなお職分に勤めているのに対して、政治が乱れ危機的な状態に陥っているのは、「豈《あ》に独り人を治むる者の、その職を廃するの致すところにあらずや」と指摘して、責任を為政者たる武士に求めていた。武士は責任を果たさなければならない。東湖はつぎに大化の改新の詔《みことのり》を引用して、「まず己を正して後に人を正すべし。もし自ら正さずんば、何ぞよく人を正さん」と、武士がみずから道徳性を身につけることを強く求めた。つづいて四綱目に入る。

「奉神州之道」とは

四綱目の第一の「奉神州之道《しんしゅうのみちをほうず》」の段では、「上世未だ文字あらず。斯道《このみち》、或は言語・歌詞に伝り、或は風俗・政教に存し、或は氏族・官職・名物・制度の中に寓《ぐう》せり」との認識を示す。したがって、「奉㆓神州之道㆒」、すなわち神国たる日本のことを学び、自己の信条にするということは、「古典を読む者は、誠によろしくこれを天地神祇《じんぎ》に本づけ、これを古言旧事《こげんきゅうじ》に参し、これを流風遺俗に徴《ちょう》し、これを世道人心に験《けん》し、その昭然《しょうぜん》として疑なきものを掲げてこれを奉ずべし」と説かれる。すなわち、たんに古典を読んで神道《しんとう》の理解をえるにとどまらず、現実の国民生活といえる「流風遺俗」や、現実の社会のあり方といえる「世道人心」に学べと説くのである。その規準として儒教《じゅきょう》が利用されるが、そこでは修己治人《しゅうこちじん》の道徳と政治の連続が説かれるとともに、「達すればすなわち民と与《とも》にこれに由《よ》り、窮《きゅう》すればすなわち独り道を楽しむも、また可ならずや」と説かれた。すなわち、登用されないときには、「独りその道を楽しむ」ことが説かれたのである。近世、武士の道徳観は主君に対する絶対的な忠誠を第一としていた。否《いな》、それだけに極限されていたといっても過言ではない。それと違って東湖はこの段において、神道を学ぶということは、現実を直視することであると説くとともに、道徳的修養に努め、登用されないときには退くという、儒教的批判精神を強調しているのである。

「忠孝無二」とは

つぎの「忠孝無二《ふたつなし》」の段は三節に分かれる。その第三節で東湖は積極的に忠孝一致《ちゆうこういっち》を説くが、それはつぎのように説き始められる。

夫《そ》れ孝子の身を敬するや、身体髪膚《しんたいはっぷ》、なほ敢《あ》へて毀傷《きしよう》せず、況《いわ》んや大義の我に在るものを、豈《あ》に独り虧《か》くべけんや。然《しか》らばすなはち進んで君に事《つか》へ、その大義を全くするは、すなはち親に孝なる所以《ゆえん》なり。

『孝経《こうきよう》』の「身体髪膚」の一文をあげて、つぎに君臣の「大義」を全くすることは孝であると説いている。それでは「大義」を全くするとは、具体的にどうすることなのか。東湖は忠孝不全の説である、「死を以て国に殉《じゆん》ずれば、すなはち力を父母に竭《つく》すことを得ず」との見解に対して、「これただ冬温夏清《とうおんかせい》の孝たるをのみ知りて、身を殺して仁《じん》を成すの大孝たるを知らざるなり」と批判する。これだけみるならば、忠孝一致とは身命《しんめい》を賭《と》して天皇に奉公するとの解釈に慣れたわれわれには、水戸学的だとうなずける。しかし、東湖の忠孝一致はそれだけではない。前に引用した「身体髪膚」以下の文章につづけて東湖はいう。君子が君主に事《つか》えるということは、孔子がしたように倉庫の番人や牧場の役人のような卑賤《ひせん》な職務であったとしても、きちんと任務を全うするものだ。「況《いわ》んや風教の治に関するものを、豈《あ》に独り忽《ゆるがせ》にすべけんや。然《しか》らばすなはち退いて親を養ひ、その風教を助くるは、すなはち君に忠なる所以《ゆえん》なり」と説く。すなわち、「風教の治」教育の重要性を強調して、「退いて親を養ひ」ても「風教を助くる」のであれば、それは忠だと主張している。ここで「退いて」とある以上、それは官職を離れて在野にいて活動することである。東湖にとって忠とは、かならずしも直接君主に仕えることを意味していないのである。それゆえに、忠孝不全のもう一つの説である、「家居して親を養へば、すなはち身を君に致すこと能はず」との見解に対して、「これただ夙夜《しゆくや》公に在るの忠たるのみを知りて、綱常を扶植《ふしよく》するの大忠たるを知らざるなり」（綱常は人の守るべき大道の意）と批判する。東湖は在野で教育に従事し、この道徳を一般民衆にも広めることの意義を重視していたのである。

ところで「退いて」、すなわち在野にいるとは、幕藩体制の官職につかないことを意味する。そうした地位にいて「風教を助くる」とは、助けられる「君」は中間に介在する幕《ばく》藩《はん》権力を通り越して、まさに天皇を彷彿《ほうふつ》させるのである。

「文武不岐」とは

「文武不岐《わかれず》」の段では、「蓋《けだ》し文武の道には、おのおの小大あり。天地を経緯《けいい》し、禍乱《からん》を克定《こくてい》するは、これその大なるものなり。書を読み冊《さつ》を挟《はさ》み、剣を撃《う》ち矛《ほこ》を奮《ふる》ふは、これその小なるものなり」と、文武には「天地を経緯し、禍乱を克定する」大なるものと、書や剣を学ぶ小なるものがあると説く。そして、

「書冊は道義を講ずる所以《ゆえん》にして、剣矛《けんぼう》は心胆《しんたん》を練る所以なり。心胆実《み》ちて、しかる後に以《もっ》て難に臨《のぞ》み変を制すべく、道義明らかにして、しかる後に以て己を修め人を治むべし」と説き、小なる文武の重要性を確認する。しかし、東湖の議論はそこにとどまらない。これにつづけて、文武が互いの弱点を補いあうことを説いたのちに、さらにつぎのように論じる。

然《しか》らばすなはち学ぶ者の、その大なるを語りて、その小なるを忽《ゆるがせ》にするは、固《もと》より不可なり。その小なるを務めて、その大なるを忘るるも、また不可なり。分ちて二となし、またその一を廃するは尤《もっと》も不可なり。

東湖は、各人が文武の大小を、ともに学ぶことを求めるのである。「天地を経緯し、禍乱を克定する」大事も、けっして忘れてはならないのである。近世の身分制下、下位者はひたすら服従することが求められた。身分相応に処することが大事とされた。そのような環境にあっては、低い身分の者が天下国家に関心をもつことはあるまじきことであった。それと違って、東湖は各人が積極的に天下国家の大事に、主体的に関与することを求めているのである。

「学問事業不殊其効」とは

「学問事業」の段では、学問と事業（支配・統治の意）とが一致しない大《たい》弊《へい》を四つあげる。すなわち、「躬行《きゆうこう》を忽《ゆるがせ》にす」、「実学を廃す」、「経に泥《なず》む」、「権に流る」である。「躬行を忽にす」とは、学問とは「人倫《じんりん》を明らかにする」ことであるが、それを「身に本づく」ようにしないことである。「実学を廃す」とは、現実の支配に有効でない文武の学問をすることである。「経に泥む」とは、「旧典を墨守《ぼくしゆ》して変通を知ら」ないことである。「権に流る」とは、「己を枉《ま》げて人に従ひ、闇然迎合《えんぜんげいごう》して至らざるところな」（闇然は本心を蔽《おお》い隠すさま）き精神態度である。ここにおいても、東湖は主体性をもって有効な学問に励むように説いている。しかし、この段においてより重要な点は、この前後に書かれている。すなわち、その前にはつぎの指摘がなされている。

国家を為《おさ》むるに至つては、すなはち必ずしも道を学ぶの人を用ひず、或はこれを用ふるも、また必ずしもこれに任ぜず。故に学ぶ者は常にその道を行ふを得ず。その勢然るなり。用ふると用ひざるとは人に在り、学ぶと学ばざるとは己に在り。

当時の幕藩体制下においては、学んで治者としての教養を十分身につけた人を任用しないので、「常にその道を行ふを得」ざる現実にあるとの指摘である。東湖は「用ふると用ひざるとは人」、すなわち上級の支配層である将軍・大名にあるのだが、それでも「学ぶと学ばざるとは己に在り」と、学ぶことを求めている。そして、この段を東湖はふたたび、「その用ひらるると用ひられざるとのごときは、人なり、また天なり。学ぶ者は尤《とが》めず怨《うら》みずして、可なり」の言葉で結んでいる。東湖は、幕藩体制が人材を有効に活用できないでいる現実を指摘している。そして、「尤めず怨みずして、可なり」と結んでいるが、それは本心ではないであろう。なぜならば、本来このような所に人材が登用されないなどという指摘をするのはあるまじきことで、当然そこでは有用な人材となって働こうとの文章が入るべきだからである。それゆえに東湖はここに明言していないが、人材が有効に活用されるように、根本的な改革がなされなければならないことを示唆《しさ》しているのである。

教育の結果

水戸学が学問的基礎とした四綱目《しこうもく》の解説とは、以上のようなものである。そこでは古典を読むだけではなく、現実から学ぶことが求められた。また道徳的修養に努め、登用されないときには退くという批判精神をもつことを要請していた。それは支配機構から退いて在野にあることも辞さないほど強いものであった。さらに一般にもこの道徳が確立されることを求めていた。そして、各人が天下国家の大事に主体的にかかわることを求めるけれども、幕藩体制は人材を有効に活用できていない現実を指摘して、それでも学んで改革を実現しようと呼びかけていると理解できる。しかも、その改革の方向性は、幕藩体制を凌駕《りょうが》する性格を、十分もっていたと認めざるをえないのである。

ところで、こうした教育を受けた結果、どのような人材が成長してくるのであろうか。四綱目のつぎの「集衆思」の段で、東湖はつぎのように君子のあり方を説いている。

> 君子の君に事《つか》ふるや、これを知れば敢《あ》へて言はずんばあらず。これを言へば敢へて尽さずんばあらず。四体を展布《てんぷ》して依違《いい》あるなく、その状頗《すこぶ》る不敬なるものに似たり。平居《へいきょ》事なければ、おのおの意見を陳《の》べて、敢へて面従《めんじゅう》せず。その跡、甚《はなは》だしくは和せざるものに似たり。その大義大節に臨《のぞ》むに及びては、飢渇《きかつ》の飲食に於《お》けるがごとく、期せずして揆《き》を同じくし、刀鋸鼎鑊《とうきょていかく》もその志を奪ふ能《あた》はず。

一見、不敬・不和にわたるようなかたちになっても、発言しかつ実行する人格であり、刀で切られようとも、鋸引きにされようとも、釜ゆでにされようとも志を屈することのない存在である。東湖は、そのような主体的に判断し行動する人材の養成を説いたのである。

東湖は「述義」に幕藩体制を止揚《しよう》する方向性をもつ改革と、それを支える主体性をもった人材の育成を説いた。この思想は、幕藩体制の秩序を乱しても行動した尊攘《そんじょう》の志士の、大きな思想的源泉となったに違いない。しかし、東湖の意義はそこにとどまるものではない。東湖はその典型として、「回天詩史《かいてんしし》」に自己を描いていたのである。

「回天詩史」

「回天詩史」は弘化元年（一八四四）五月、東湖が幕府から蟄居《ちっきょ》に処せられた直後に、順次、得られた「回天詩」の句に、得られるごとに自己の事跡《じせき》を述べて解説した書である。それは危機感のもとで改革を実践し、そのために処罰を受けた直後の精神の緊張も加わって、格調の高い感動的な漢文の自伝となっている。

三　決死

「回天詩」は、「三決《みたびしをけっして》レ死矣而不《しかもし》レ死《せず》」の句から始まる。三度死を決して死ななかった経験とは、つぎのようなものであった。第一回は文政七年（一八二四）に、イギリス人が水戸藩領の大津浜に上陸したときである。水戸藩は先鋒隊《せんぽうたい》を派遣したが、幕府の代官は漂流したものとみなして釈放するとの報が届いた。この報に父の幽谷《ゆうこく》は怒り、そのようなことは「一日の安きをかりそめにする」もので、「堂堂たる神州、一具眼の人なし、吾《わ》れ甚《はなは》だ愧《は》づ」といって、十九歳の東湖《とうこ》に大津に行って放還《ほうかん》と決まれば、「夷人《いじん》」を皆殺しにしてこいと命じた。つづけて幽谷はいった。「吾れ不幸女子多し。唯《ただ》汝一男あるのみ。汝にして死せば、すなはち吾が祀《まつり》絶えなん。これ吾れと汝と命の窮《きわ》まるの時、汝顧慮するなかれ」と。祖先への祭祀《さいし》を重んじる儒者であった幽谷にとって、自分の死後、自分を祀る者がいないということは、もっとも忌《い》むべきことである。そうまでして、「少しく神州の正気を伸ばす」ために、息子の東湖を死地に赴かせようとしたのであった。結局このときは、別れの杯《さかずき》を交しているときに釈放したとの報が届いて、東湖は死地に赴かなかった。しかしこのとき、藤田父子は幕府・水戸藩の指令を仰がず、否《いな》、それに背いて、独断で攘夷《じょうい》を実行しようとしたのである。

二回目は文政十二年（一八二九）に、嗣子《しし》のいない藩主斉脩《なりのぶ》が危篤《きとく》に陥ったときである。部屋住みの弟斉昭《なりあき》がいるにもかかわらず、重臣たちは将軍家斉《いえなり》の子清水侯を迎えようと画策《かく》していると《さく》の報が江戸から水戸に届いた。この報に東湖たち改革派は、「乞《こ》はずして境を出づる者は、国に刑典《けいてん》ある」にもかかわらず、許可をえずに江戸に向かった。そして、斉昭擁立《ようりつ》に奔走《ほんそう》したのである。そのために彼らは、「相率《あいひき》ゐて都下を震驚《しんきょう》」させる罪も重ねた。結局このとき、東湖は一時逼塞《ひっそく》の処罰を受けただけに終わったが、このときも東湖は藩の指令を仰がず、むしろ藩政府の方針に反して、独自の判断で行動したのである。

三回目は弘化元年（一八四四）五月五日、幕命によって水戸から江戸に、斉昭に扈従《こじゅう》して出府《しゅっぷ》してきたときである。御三家《ごさんけ》の斉昭が出府したにもかかわらず将軍が、老中《ろうじゅう》を慶《けい》賀《が》の使として水戸藩邸に派遣しなかったことから、斉昭が厳罰に処されることが明白になった。このとき東湖は、「従容《しょうよう》として死につき」、一書を幕府の監察桜井庄兵衛に遣《つか》して、斉昭の無実を訴えようとした。しかし間もなく、付家老《つけがろう》中山と執政《しっせい》戸田とともに斉昭に召され、斉昭から言い渡された。「寡人《かじん》をして不幸寿なからしめば、すなはち徒《いたずら》に憾《うらみ》を呑み、恨《うらみ》を懐《いだ》いて死せん。かりそめにも天、余年を仮さば、すなはち必ず冤《えん》を洗《そそ》ぎ辱《はじ》を雪《そそ》ぎ、然る後にやまん。汝等それ寡人の意を体せよ」（寡人は尊貴の人の一人称）と。ここに東湖は、「我過《あやま》てり」と深く反省したのであった。もし東湖が、このとき切腹していたとしたならば、斉昭の無実が晴らされるどころか、東湖も反省しているように、「水藩《すいはん》、辞以《もっ》て自ら明かにすべきなし。すなはち、その臣某、自尽《じじん》し以てその罪を贖《あがな》ふ」との謗《そしり》を招くことになったであろう。このときも東湖は斉昭の指令を待たずに、独断で死ぬことを決意したのであった。

「三決レ死矣《みたびしをけっして》而不レ死《しかもしせず》」の話は、死を決したときのことだけに感動的である。しかし、その内容は主筋の指令を待たずに、あるいは反してまでも、天下国家のために行動した、あるいはしようとしたことが記されているのである。

五乞閑地

主筋の意に反してでも、死を決して行動しようとした東湖は、もちろん退くことも実行しようとした。それは「五乞二閑地一不レ得レ閑《ごたびかんちをこいてかんをえず》」の句に解説されている。五回閑地を乞うた、すなわち退こうとしたとは、以下の五回である。

第一回は文政十二年（一八二九）に、「汚行」のあった川口長孺《ちょうじゅ》が彰考館総裁《しょうこうかんそうさい》に再任されたことに反対して、青山総裁に意見書を提出したときである。二回目は天保二年（一八三一）の東藩文献志事件《とうはんぶんけんしじけん》で、会沢正志斎《あいざわせいしさい》らが反対派のために朋党《ほうとう》を結んだと批難されて左《さ》遷《せん》されたときである。三回目は天保十年に、斉昭の就藩に番頭《ばんがしら》が俸禄《ほうろく》の全給を求めて集団で強訴《ごうそ》したときである。政府の一員として、これを阻止できなかった責任をとったのである。四回目は天保十三年に反対派の結城朝道《ゆうきともみち》が若年にもかかわらず、執政《しっせい》に登用されたときである。五回目は天保十四年に、今井惟典《いまい》が若年寄《わかどしより》から寺社奉行に左遷されたときである。東湖は、自分が正しいと信じる見解が採用されないときには、職を賭《と》して争ったのである。

五度閑地を乞うた話につづけて東湖は、「それ人臣《じんしん》の君に事《つか》へるや、かりそめにも道義を志《こころざ》す者、いづれか進んでその道を行ふを欲せざらん。又いづれか退いてその義を全くするを欲せざらん」と述べている。ここでも、東湖が退くことの思想的意義を重視していたことが確認できる。ただし、東湖がいう「退く」とは、理念としてはともかく、現実的には儒教的に正しい意味でのあり方、郷里に帰ることを意味しない。水戸藩を辞するのではなく、役職を辞するだけで家禄《かろく》はもらうのである。それでも役料などはもらえなくなり、当然生活は苦しくなる。また一歩間違えば、斉昭の信頼なども一挙に失いかねないものであった。しかし、東湖の辞職願いは事実上、聞き入れられず、そのたびごとに斉昭の信頼は増し、寵用《ちょうよう》されていった。

皇道の興起

東湖は激しい批判精神をもち、改革に邁進《まいしん》した人といえる。それでは、その精神はなにをめざしているのであろうか。「回天詩《かいてんし》」は全一四句からなるが、その最後の四句はつぎのように結ばれている。

かりそめにも大義を明かにし人心を正さば、皇道《こうどう》いづくんぞ興起《こうき》せざるを患《うれ》へん。この心、奮発神明《ふんぱつしんめい》に誓ふ。古人云へるあり、斃れて後やむと。

東湖は皇道の興起のために、斃《たお》れるまで戦うと謳《うた》い上げている。東湖の批判的で情熱的な精神は、皇道の興起をめざしているのである。いいかえるならば、天皇を強く意識し、天皇を中心とした国家の再編が、詩的叙述のかたちをとって表現されているのである。

ところで「大義大節」、すなわち尊王《そんのう》こそ、東湖のように激しく非妥協的に行動する人材が輩出しても、「期せずして揆《き》を同じく」させると考えられた。

奉上の誠

なぜであろうか。「述義」の初段「弘道者何」において東湖は、上古は質朴《しつぼく》な時代であり、異端邪説《いたんじゃせつ》に汚されることもなく、道という名さえ必要としないほど、「熙熙皐皐《ききこうこう》として、これに遵《したが》」（熙熙皐皐は和らぎ楽しんで満足するさま）った理想の時代ととらえていた。このような時代、皇祖神《こうそしん》と臣下の神、いいかえるならば、天皇と日本人とは、どのようなあり方であったと東湖はとらえているのであろうか。

その典型は「国体以之尊厳」の段に描かれた素戔嗚尊《すさのおのみこと》と大己貴命《おおなむぢのみこと》である。素戔嗚尊は高天原《たかまのはら》から追放された身でありながら、八岐大蛇《やまたのおろち》を退治したときに、その尾から出た天叢雲《あめのむらくも》の剣《つるぎ》を神器《しんき》として献上した。また、大己貴命は天孫降臨《てんそんこうりん》に国を明け渡さなければならなくなったにもかかわらず、皇孫《こうそん》が平安に支配できるようにと、平国《くにむけ》の矛《ほこ》を献上した。処罰された身でありながら、除封《じょふう》される身でありながら、二神は朝廷を怨《うら》まなかったのみならず、宝器を献上して「以て上に奉ずる誠を輸《いた》し」たのである。そして、このようなあり方は、「下の人は一意上を奉ずるを以て心とな」し、その天性の勇武は「必ず忠愛の誠に発する」ことから生ずると、東湖は説いている。もちろん、ここでいう「上」とは天皇のことである。天皇と心で結ばれた日本人は、絶対的な忠誠心を天皇に対して本来もっているると、東湖は説くのである。そして、各人が直接天皇に忠誠を捧げるあり方は、「弘道館《こうどうかん》記《き》」にいう「大道の世に明らかならざる」中世の暗黒時代といえども、亡びることはなかったと認める。「述義」上巻は、南朝の忠臣を称讃することで終わっているのである。

幕藩体制否定

上古、神代《しんだい》・古代を理想視したといっても、それが幕藩体制をただちに批判し、否定することにはならない。とくに水戸学は『大日本史』以来の歴史学を根幹《こんかん》としている。そこでは歴史の流れのなかで、なぜ幕藩体制が成立しなければならなかったのか、そこに、いかに尊王が保たれているかを主張することに力点がおかれていた。東湖にしても表面の論理展開は同じである。「述義」下巻は、「我東照宮撥乱《とうしょうぐうはつらん》反正」の段で始まり、「尊王攘夷《そんのうじょうい》」と説き進んでいくのである。

それにもかかわらず、東湖の激しい批判精神には、幕藩体制を否定する要素が多分に内包されていることは、すでに指摘した。東湖の思想はそこにとどまらない。それが、古代讃美の思想に結び付くとき、批判の方向性は明確に幕藩体制に向けられた。「皇《こう》化陵夷《かりょうい》」の段は、つぎの文で結ばれているのである。

藤原や、平や、源や、鎌倉や、室町や、人臣の大権を把持《はじ》せしもの、その故一《いつ》にあらず。而《しか》してその祖先の盛んにして且《か》つ興る所以《ゆえん》を原《たず》ぬるに、未《いま》だ嘗《かつ》て仁厚《じんこう》・勇武・倹素・忠誠の道を仮《か》らずんばあらざるなり。その子孫の衰廃《すいはい》せし所以を観るに、また未だ嘗てその道に反せざる者はあらざるなり。蓋《けだ》し大臣と曰ひ、摂政《せっしょう》と曰ひ、将軍と曰ひ、名位殊《こと》なりといへども、その実は皆天工に代りて皇化を弘むる所以なり。故に神聖の謨訓《ぼくん》を奉ずれば、すなはち栄え、一己の私欲に従へば、すなはち辱《はずか》しめらる。戒《いまし》めざるべけんや。

東湖はここで室町以前の盛衰を説くことによって、徳川幕藩体制に対して、「戒めざるべけんや」と、警告を発するにいたるのである。

幕藩体制を批判の対象にした東湖は、風俗を国家の基盤と認めていた。また、この道徳が広く民間にも広まり、一人ひとりが天皇のために主体的に働くことを期待した。東湖は幕藩体制とは異質な国家、教育勅語《きょういくちょくご》に示された天皇制的な国家を指向しているのである。

幕末の水戸藩

幕末の改革

藤田東湖《ふじたとうこ》は、本居宣長《もとおりのりなが》の所説を大きく取り入れて「弘道館記述義《こうどうかんきじゅつぎ》」を著わした。安政期になると、この成果は弘道館《こうどうかん》の教育に取り入れられた。学則をみると、第一条・第二条は「弘道館記《こうどうかんき》」の方針を守ることが記されている。そして、第三条には和学の要領が記された。そこでは、「古へ、六国史《りっこくし》の撰あり、しかして古事記《こじき》を最も旧となす。書紀《しょき》等これに次ぐ」と、『古事記』を重視する本居的な学問的態度になっている。儒教に関する説明は第六条である。安政期の水戸学は表面、神儒一致《しんじゅいっち》の方針を標榜《ひょうぼう》しながら、天保期以上に本居学に傾斜しているのである。

しかし、このことは儒者として本居説の採用に反対した会沢正志斎《あいざわせいしさい》をはじめとする多くの水戸学者にとっては、好ましいものではなかった。弊害さえ認められるようになった。

いっそう国学へ

安政五年（一八五八）秋に、正志斎が本居には過激な僻説《へきせつ》があるので、「疑はしき事は左に筆して、此の書を読むものに忠告せんと欲するなり」といって、『古事記伝』の序論にあたる「直毘霊《なおびのみたま》」を批判した書、「読直毘霊《よむなおびのみたま》」を著わしたことは、よくこのことを物語っている。

政策の転換

東湖が「弘道館記述義」に記した方向性は、弘道館の教育方針ばかりでなく、水戸藩の安政改革にも確実に認められる。

嘉永六年（一八五三）六月三日のペリー来航は、水戸藩改革派の復権となった。幕政参与《ばくせいさんよ》になった徳川斉昭《なりあき》は、戸田忠敞《とだただあきら》・藤田東湖を再起用し、江戸に呼び寄せた。しかし、斉昭とても軍事的にペリーに対抗する策はもっていなかった。攘夷《じょうい》を呼号《こごう》したとしても、国内の人心引き締めのための内戦外和論にすぎなかった。安政期の改革の中心は必然的に軍制改革であった。

軍制を中心とする安政期の改革では反射炉《はんしゃろ》を作るなど、軍備の増強に努めた。そのなかで、天保期と大きく三つの点で政策が違っていることが注目される。第一に、土着論が消えたことである。正志斎の「新論」では、武士の再生のための最重要施策として土着は論じられた。しかし、天保期にはすでにこの種の土着論は後退し、海防のための土着は四ヵ所しか配置されなかった。部隊を分散配置することの不利益が認識されたからである。かわって海岸近辺の農民を消防団のように組織する農兵制が構想されたが、評議の段階で終わった。民衆を信頼できなかったからである。

これに対して、民衆を信頼するようになった安政期には、積極的に農兵（正式名称は御《お》備《そなえ》人数）を取り立てた。安政二年（一八五五）九月五日、水戸藩は弘化年間に前藩主斉昭のために歎願運動に参加した三四六人の家格を進めた。このうち郷士《ごうし》となった二二人を除く、残り三二四人を御備人数とした。翌日には村役人の格式を進めた。庄屋《しょうや》は在任中苗《みょう》字《じ》帯刀《たいとう》御免《ごめん》、組頭《くみがしら》は在任中苗字御免、非常のさいには帯刀を認めた。村役人が御備人数に編入されたと記した史料はないが、以後の動きをみると御備人数と同じ扱いを受けている。少なくとも帯刀を認められたのであるから、農兵の一種として認められたことは疑いない。

同年十月には家格が村役人以上のものを、十二月には献金するものを御備人数に採用した。このほかに海岸の壮丁《そうてい》四九六人が採用された。御備人数は一五〇〇といわれる。安政四年（一八五七）春までに編成を終え、彼らには鉄砲が貸与された。そして、彼らの文武の教育機関として郷校《ごうこう》が拡充・増設された。

天保期に設立された郷校は、医学校として郷医の研修を主な目的としていた。これに対して安政期の郷校は文武館《ぶんぶかん》として、小銃の練習場である的場《まとば》まで備えたもので、町場近くの要害の地に作られた。数も増えて一五といわれるが、たしかに確認できるのは一二である。郷校では月一回の会日が定められ、年一回は大会とされた。会日には郡奉行所《こおりぶぎょうしょ》の役人の臨席のもと、郷士・農兵・神官・郷医などが出席して文武の技を競った。なお鉄砲の訓練のときには猟師《りょうし》も参加した。

天保期と安政期での水戸藩の軍制に関する政策の違い、土着の否定・農兵の採用・郷校の拡充は、民衆を信頼するようになった水戸藩が、階層基盤を農民層に拡大していることを示している。ただし、この場合、主として対象となったのは上層農民であった。

農戸と貸人

水戸藩の農兵構想には、もう一つ別の系統のものがあった。江戸時代の農民の一部は軍事力に編成されていた。水戸藩でも初期から郷士・郷足軽《あしがる》の制度があり、荒子《あらしこ》（戦場の清掃などにあたる最下層の従者）が徴集《ちょうしゅう》された。また猟師も動員された。これらの制度は安政以後も存続した。また農民を戦闘補助の人足《にんそく》として使うのは、幕藩体制下、当然の前提であった。しかし、水戸藩には事実上、この制度はなかった。

水戸藩は弘化元年（一八四四）三月に、検地の成果のうえに地方知行制《じかたちぎょうせい》を改正し、一〇〇石以上の家臣に知行地を渡した。そして、知行地の農家のうち家臣が軍事動員できる農家を指定した。農戸《のうこ》という。富民と貧民を除いて、一〇〇石あたり一四戸、五〇〇石以上は一〇〇石増すごとに一二戸を加えて指定した。農戸は「農兵の意を寓し」（『水戸藩史《みとはんし》料《りょう》』)、家臣たちが主従関係を確立して、戦闘員に育成するように期待された。また直轄地である蔵入地《くらいりち》の一般農民も、貸人《かしにん》として掌握された。貸人とは、家臣が軍役《ぐんえき》を勤めるときに、知行地の農戸だけでは不足する場合、藩が蔵入地の農民を貸出すので、こう呼ばれた。

全農家動員体制

しかし、これらは制度的に未整備であった。動員の順番や給金などは決まっていなかった。そのうえ、貧窮化した家臣にとって、農戸を戦闘員に養成する余裕はなかった。結局、農戸・貸人は戦闘補助のための人足《にんそく》にしかならなかった。そして、制度的に整備されたのは、文久三年(一八六三)の攘夷戦《じょういせん》に備えたときであった。

文久三年三月の将軍上洛《じょうらく》には、水戸藩主慶篤《よしあつ》も上洛した。このとき水戸藩は、一部日常的に農戸を確保している家臣を除き、農戸を停止して貸人に統一した。ついで賃銭を一日二〇〇文と定め、番編成をした。この結果、これまで述べた農民を軍事動員する制度、郷士・郷足軽・御備人数・村役人・猟師・荒子とあわせて、水戸藩領のすべての農家が水戸藩の軍事動員体制に組み込まれたのである。貸人制は元治の内乱において、反尊攘派の農兵部隊を編成するうえで、有効に作用した。このために貸人は、明治以降、抹殺《まっさつ》された。

農戸・貸人は戦闘員として期待されたが、戦闘補助の人足にとどまった。しかし、水戸藩が貸人制によって全農家動員体制を整えたことは、権力基盤を一般農民のうえにもおよぼしたことを意味するのである。

もちろん、「弘道館記述義《こうどうかんきじゅつぎ》」に示された方向性は、軍制改革以外のほかの方面にも認められる。軍制改革を成功させるためには、財政基盤の確立が望まれるが、この方面でも安政期は天保期と政策が違っていた。

経済政策

藤田幽谷《ふじたゆうこく》は商品経済の発展に否定的であった。しかし、化政《かせい》・天保と改革を実践するなかで、とくに検地の結果、水戸藩は財政的基盤を大きく商品経済の発展の成果のうえにおくようになったことはすでにみた。安政期になると、この方向性はさらに進んだ。水戸藩領の産物を保護・育成し、そこから益金を得るために会所《かいしょ》・仕法制度《しほうせいど》を実施するようになったのである。安政二年（一八五五）十月には蒟蒻《こんにゃく》会所の改正をし、一駄《だ》につき金一分の益金上納を命じた。同四年一月には紙会所を設立し、二両につき金二分の上納を課した。同年五月には隣接した支藩の宍戸《しし ど》藩とともに紅花仕法《べにばなしほう》を始め、一駄につき一両の益金上納を命じたのである。さらに慶応元年（一八六五）には、製茶と板材木にも仕法立てしている。ただし、これらの改革が財政の安定のために大きく貢献したとは、とても思えない。しかし、改革の方向性としては評価しなければならない。

軍制改革や経済政策に認められた、広汎な農民諸階層を掌握し、その成果のうえに立脚しようとする方向性は、もちろん政治運動にも認められる。改革派である藤田派の系譜を引く水戸藩尊攘派は、これまで以上に広汎な農民諸階層を組織化して、激しく運動を展開したのである。節をあらためて、つぎにそれを述べよう。

尊王攘夷運動

東湖の死

安政二年（一八五五）十月二日の安政の大地震は、水戸藩に大きな不幸をもたらした。斉昭《なりあき》の両田《りょうでん》といわれ、尊攘《そんじょう》派の中心であった戸田忠敞《とだただあきら》と藤田東湖《ふじたとうこ》がともに死亡したからである。以後の斉昭の建言《けんげん》には、取るべきものがなかったといわれる。とくに東湖の死は大きかった。斉昭を押え、藩内を取りまとめる力量のあるものはほかにいなかった。党争の激しかった水戸藩であったが、以後、分裂と対立を激化させていくのである。それ以上に、彼らの体験を理論的に総合する人物は、もはや現われなかった。

違勅条約調印

安政五年（一八五八）六月十九日、大老井伊直弼《いいなおすけ》は違勅条約調印《いちょくじょうやくちょういん》をした。そのうえ、朝廷への報告に責任ある地位のものを派遣せずに、宿《しゅく》次奉書《つぎほうしょ》ですませた。これには、朝廷に対して不敬であるとの批判が高まった。政争はこれまで、将軍継嗣《しょうぐんけいし》を誰にするかのかたちをとって、一橋派《ひとつばしは》と紀伊派《きいは》の間で、改革をして雄藩連合政権《ゆうはんれんごうせいけん》を樹立するか、幕府独裁を維持するかで争われていた。違勅条約調印は、それを尊王攘夷《そんのうじょうい》か開国佐幕《かいこくさばく》かの観念論にすりかえてしまった。水戸藩は尊王攘夷運動の中心となった。

違勅条約調印と宿次奉書の不敬事件に、六月二十三日には田安頼慶《たやすよりよし》と一橋慶喜《ひとつばしよしのぶ》が、翌日には水戸斉昭《なりあき》・慶篤《よしあつ》父子、尾張慶恕《よしたみ》、越前慶永《よしなが》が不時登城して井伊ら幕閣を詰問《きつもん》した。虎口《ここう》を脱した井伊は、翌二十五日に将軍継嗣は紀州慶福《よしとみ》と正式に発表した。さらに七月五日には、斉昭を蟄居《ちっきょ》、慶恕・慶永を隠居謹慎《いんきょきんしん》、慶篤・慶喜を登城停止に処した。処分はこの後、一橋派の大名・有司《ゆうし》、京都の公卿《くぎょう》、尊攘の志士《しし》へと拡大する。安政の大獄《たいごく》である。

井伊は、一橋派の策謀《さくぼう》はすべて斉昭によると誤解していた。したがって、斉昭に対する態度は厳しかった。水戸藩の人事に介入しようとしただけではなかった。八月一日になると、幕府が斉昭を他藩に移すとの噂が流れた。これに対して慶篤も「力を尽して防衛」(『水戸藩史料』)するといい、藩士は防戦態勢をとった。そのためか斉昭を他藩に移す措置はとられなかったけれども、このとき幕府と水戸藩は明らかに軍事的に対立したのである。

密勅

一方、意向とは別な方向に進む幕政の展開に憂慮した朝廷は、八月八日に諸藩と協力して幕政改革を実施するようにとの密勅《みっちょく》を水戸藩に下した。十六日に密勅が江戸に到着すると、水戸藩はただちに奉勅《ほうちょく》した。しかし、幕府によって実行は阻止された。幕藩体制にあっては、幕府をへずに朝廷から一藩に勅書が下ることが違例であり、あるまじきことであった。幕府は強硬であった。八月晦日には武田正生《たけだまさなり》ら五人の家老《かろう》の隠居・左遷《させん》を要求してきた。水戸藩はしたがわざるをえなかった。

七月五日の斉昭処罰以来の、幕府の水戸藩に対する一連の抑圧策に密勅の阻止が重なって、水戸では尊攘の士民が激昂《げきこう》し、九月になると続々と江戸に向かって出発した。松戸《まつど》の関門を閉された彼らは、小金《こがね》宿に屯集《とんしゅう》した。その数は千二、三百人に上《のぼ》った。水戸藩は彼らを鎮静化させるために説諭に努めた。斉昭も九月十九日に諭書《ゆしょ》を発した。このころから士民は帰り始めたが、ここに藩の意向を越えて尊攘の志士が勅命《ちょくめい》のために動く図式が明確に示された。

安政六年（一八五九）四月二十四日、幕府は家老安島信立《あじまのぶたつ》ほか四名の藩士を評定所《ひょうじょうしょ》に出廷させた。御三家《ごさんけ》の家老が幕庭に召喚《しょうかん》されるのは違例であった。この報に水戸では士民がふたたび激昂し、五月二日から二〇〇〇とも三〇〇〇ともいわれる人数が続々と江戸に出発した。彼らはふたたび松戸の関門を閉され、小金宿などに屯集した。奉勅を主張する彼らに対して、藩政府の要路のものたちは幕府を憚《はばか》り、勅書の趣旨は公武合体《こうぶがったい》・国内治平にあって、過激な行動はかえって勅旨に反すると批判した。かくして水戸藩尊攘派は、幕藩体制の秩序を尊重する鎮派と、ときにそれに反しても運動を展開する激派とに分裂した。

八月二十七日に大獄《たいごく》の判決は下った。幕府は将軍継嗣《けいし》の工作と密勅《みっちょく》を斉昭《なりあき》による陰謀《いんぼう》と認めて、斉昭を水戸に永蟄居《えいちっきょ》に処した。同日、安島信立ら四人の藩士を死罪に処するなどした。斉昭は九月一日に水戸に立った。これを機に、小金などに屯集していた士民も月末までに帰国した。

勅書返納問題

八月二十八日、幕府は若年寄安藤信正《わかどしよりあんどうのぶまさ》を水戸取締係とし、藩政に干渉《かんしょう》した。勅書《ちょくしょ》を返納させるためであった。これを察した斉昭は勅書を水戸に移した。幕府も慎重であった。朝廷に働きかけ、ついに十一月十九日に勅書返納の勅命を得た。準備を整えた幕府は十二月十五日に、三日以内に差し出すように命じた。これに対して慶篤《よしあつ》は、勅書は水戸にあって朝廷に直接返納すると答えた。幕府にとって、勅書が水戸に移されていたのは計算違いであった。一方、水戸では同月二十日に家老以下要路の有司《ゆうし》が評議して、朝廷に直接返納すると決定した。しかし、実行は困難となった。激派の志士は実力で阻止すべく、水戸の手前の水戸街道長岡駅に結集したからである。彼らは再三の説得に応じなかった。

会沢正志斎《あいざわせいしさい》は鎮派のイデオローグであった。正志斎は勅書が下されたときから、朝幕の対立を危惧《きぐ》して奉勅《ほうちょく》には反対であった。返納問題でも、もっとも強硬な返納論者であった。万延元年（一八六〇）二月四日、返納問題が膠着《こうちゃく》状態に陥ったとき、正志斎は意見書を提出して長岡勢の逮捕を論じた。そのなかで正志斎は、このままでは「君臣之分」が立たないと論じ、さらに「尊王攘夷之御文字を主張仕候由、実ハ尊攘之義を取違《とりちがえ》、自分之主意に取付候ニ御坐候」と、激派の志士は尊攘の意義を正しく理解していない「無識《むしき》之者」と、激しく批判したのである。鎮派の藩政府も二月二十八日には、ついに長岡勢の討《とう》伐《ばつ》を決定した。しかし、集まった部隊のほとんどは出発しなかった。

桜田門外の変

水戸藩は、奉勅を呼号する激派と返納を強要する幕府に挟まれて、進退窮《きわま》ってしまった。打開を求めて激派は万延元年（一八六〇）三月三日に、桜田門外《さくらだもんがい》に井伊直弼《いいなおすけ》を襲った。桜田門外の変は井伊一人を切る目的ではなかった。同時に薩摩藩が率兵上京し、勅使を奉じて幕政改革を断行する計画であった。それゆえにこそ、関遠《とおし》ら水戸の一七人のほかに、薩摩藩の有村兼清《ありむらかねきよ》が襲撃に参加していたのである。事変後、勅書返納は猶予《ゆうよ》になったが、幕府の浪士に対する取締は厳重であった。鎮派の水戸藩政府も志士に対して厳しく対処した。こうしたなかから外人殺傷、文久元年（一八六一）

五月二十八日の英国公使館襲撃の東禅寺事件《とうぜんじじけん》、同二年正月十二日の老中安藤信正《あんどうのぶまさ》を襲った坂下門外《さかしたもんがい》の変に参加するものがあいついだ。

激派の志士の思想的背景は、東湖《とうこ》の思想であった。たとえば、桜田門外の変に豊田天功《とよだてんこう》は、東湖が「弘道館記述義《こうどうかんきじゅつぎ》」の「我東照宮」の段で、「扶桑《ふそう》の根柢を培養し、天下を富嶽《ふがく》の安きに措《お》く」と書いたのを批判して、附箋《ふせん》につぎのように記した。

コレハ我ヲ主トシタル言、其主意尤《もっとも》宜シケレトモ、文章ニ認メテハ甚《はなはだ》目ニタチ、中国、神州ナドノ字面ト違候。実ニ天保学、一国流ナドノ譏《そしり》ヲ恐ル。況《いわんや》桜田乱妨《らんぼう》ノ徒、懐中《かいちゅう》ニアリタル書付《かきつけ》ニモ、天下ヲ富嶽ノ安ニ置クト云語アリタルニ於《おいて》ヲヤ。必斯《この》書コレガ俑《よう》ヲ作リタルト申サレベク候。不レ可レ不レ改《あらためざるべからず》。(俑は死者と共に埋める木偶。善からざる例の意)

天功は、中国古典の用語「天下を泰山《たいざん》の安きに措く」ではなく、「富嶽」と表現することに、東湖の思想の集約したかたちを認めた。それは、儒学の伝統とは懸け離れて学界に受け入れられない、「天保学」「一国流」との批判をあびる、日本の独自性を必要以上に強調する思想である。そのうえ、激派の思想的背景となっていると指摘しているのである。

天狗党

東湖の尊王論が激派的な性格であることはすでにみた。東湖にとって過激な行為は、尊王という共通の価値観のゆえに統一されると予定されていた。

しかし、激派の過激な活動は統一をもたらさなかった。

水戸藩尊攘派を天狗党《てんぐとう》という。なぜ天狗というのか。斉昭《なりあき》は弘化二年（一八四五）十月に老中阿部正弘に、「江戸にては高慢者を天狗」というが、と述べて説明した。水戸では義気《ぎき》があり、国家に忠誠心のある有志を天狗という。彼らは、生活に苦しくとも本や剣を買うなど、人にできないことをするので天狗というのだと。

義気と忠誠心に厚く、貧苦に耐えて人にできないことをする彼らを、斉昭は誇ったのである。しかし、彼らは理想的な人格であったであろうか。現実には斉昭が一歩躊躇したように、ほかからみれば「高慢」な存在ではなかったか。なぜならば、彼らは自己の正しさは追求したであろうが、行為の結果を総合的に判断しようとはしなかった。そこに浮かぶ彼らのイメージは、一般の人びとを軽蔑して人の批判におよそ謙虚でない、志士気質《かたぎ》の狭量な人格である。天狗の字《あざな》も、鼻を高くして偉ぶっている彼らに批判的な人がつけたに違いない。

それにしても水戸藩尊攘派は、多数の農民諸階層を組織化した。さきに述べた二〇〇〇、三〇〇〇という人数の大半は、農村在住者である。彼らは多くの農民を志士に仕立て上げた。しかし、それは運動の過激化にともない、破綻《はたん》せざるをえなかった。

攘夷国是

水戸藩に激派政権が復活したのは、文久二年（一八六二）十一月であった。この年六月、島津久光《しまづひさみつ》は率兵上京し、勅使《ちょくし》を奉じて幕政改革を迫った。十月には長州と土佐の擁する攘夷別勅使が江戸に下り、幕府は奉勅した。密勅の問題も、このとき解決した。

文久三年（一八六三）三月、将軍家茂《いえもち》は上洛《じょうらく》し、朝廷と折衝して攘夷を国是《こくぜ》とし、期限を五月十日と決定した。この時期は、長州を中心とする尊攘派が京都を制圧していた。それゆえに、八月十八日の政変で尊攘派を京都から駆逐《くちく》したのは、開国の方針を確立する絶好の機会であった。しかし、桜田門外の変で権威を失墜《しっつい》した幕府は、天皇の権威を戴《いただ》いて幕府独裁を維持しようとした。このとき幕府は、攘夷論者の孝明天皇《こうめいてんのう》を説得するのではなく、迎合《げいごう》して攘夷の実を示すために横浜鎖港《さこう》を約束した。もちろん、諸外国との鎖港談判は成立するはずがなかった。

元治の内乱

幕府は、朝廷との約束である攘夷を断行する意志をもっていなかった。郷校《ごう こう》を拠点にして勢力を拡大していた激派の若者たちは、焦燥感《しょうそうかん》を募らせた。ついに元治《げんじ》元年（一八六四）三月二十七日に、東湖の二男の藤田小四郎《こしろう》らは、攘夷の先鋒《せんぽう》たらんと筑波山《つくばさん》に挙兵した。

激派の志士が集団を組んだとき、彼らは藩政府の方針に逆った行動をしたので、藩からの保護・援助は受けられなかった。そこで彼らは組織を維持するために、民衆から金銭を強制的に借り上げる強借《ごうがり》をした。また人足などに酷使した。筑波勢も同様であった。とくに筑波勢を除名された田中愿蔵《げんぞう》の部隊は、強借を拒否した栃木町と真鍋《まなべ》町に放火し、略奪した。民衆は激派を恐れ、嫌った。

激派の暴挙に、水戸藩では弘道館《こうどうかん》の文武諸生《しょせい》が立ち上がった。藩校弘道館で水戸学を学んだ彼らは、幕藩体制の秩序に忠実であった。水戸藩の内乱で反尊攘派の中心になったの

図18　市川弘美（元治の内乱の諸生党の指導者，『水戸市史』中巻(五)より）

図19　水戸城閣図（立原杏所筆，水戸市立博物館蔵）

は諸生であったので、水戸では反尊攘派のことを諸生派という。彼らは六〇〇人ほどであった。五月二十六日に水戸を出発した諸生派は、六月はじめに江戸の藩政府を掌握した。そして、幕府軍とともに筑波勢の討伐《とうばつ》に出発した。

一方、水戸では、江戸に斉昭の禁じた保守派の政権が成立したことに尊攘派が危惧《きぐ》を抱き、鎮激両派合流して江戸に登り、藩政を回復した。江戸を追われた諸生派は、途中で筑波勢に敗れた部隊と合流して、七月二十三日に水戸に着いた。彼らは武装を解かず、藩政府を掌握した。この事態に江戸では水戸を鎮静化させるために、支藩の宍戸《ししど》藩主松平頼徳《よりのり》を慶篤《よしあつ》の目代《もくだい》として派遣した。頼徳の一行には、幕府によって江戸入りを阻止されて、水戸街道に待機していた尊攘派が続々と加わり、八月十日に水戸に着いたときには、総勢四、五千に達した。大発勢《たいはつぜい》という。大発勢は水戸入城を拒まれ、小競りあいの末、湊《みなと》に移った。

民衆の蜂起

人数的に劣った諸生派を支えたのは、民衆であった。七月下旬から八月上旬にかけて民衆は蜂起《ほうき》し、各地で尊攘派の家を襲った。尊攘派は賊徒《ぞくと》と呼ばれた。それだけ一般農民の尊攘派への反発は強かったのである。そして、各地に反尊攘派の農兵部隊が結成され、諸生派に加勢した。

尊攘派も多数の農民を動員した。大発勢の四、五千というのも、ほとんどが農民である。尊攘派は郷校で尊攘の教育を受けた村役人層のみでなく、農戸《のうこ》・貸人《かしにん》の農兵制を利用して、多くの一般農民を従

表6　争乱への参加者

	那珂湊降参人（鎮　派）	敦賀降参人（激　派）
水戸藩士	256	35
水戸藩下士	213	49
他藩士		4
浪人		10
郷士	52	2
村役人	107	5
農民	343	335
医者	14	5
神官・修験	64	18
僧侶	4	1
職人・商人	22	9
従者・小者	57	95
不明・その他	22	241
計	1,154人	809人

『水戸市史』中巻㈤より。

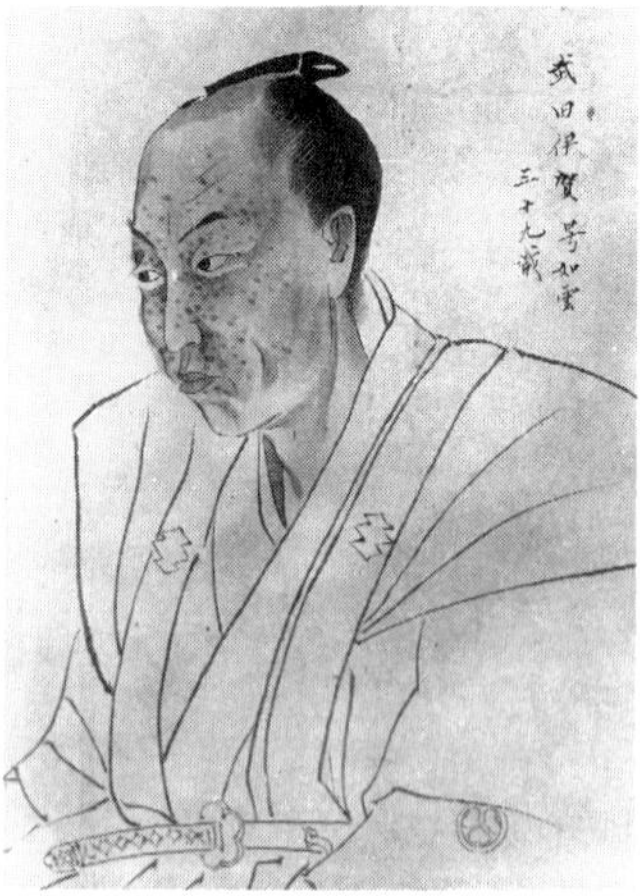

図20　武田正生（元治の内乱の尊攘派の中心人物，郡司彜倫蔵）

者・人足《にんそく》として動員したのである。こののち、幕府軍が到着したために尊攘派は湊に楯籠《たてこも》った。内乱は十月二十三日に鎮派が湊で投降し、主人に等しい徳川慶喜《よしのぶ》を頼って西上した激派が十二月十七日に、越前敦賀《つるが》で降伏して終了した。表6は降伏した両派の人数を身分別に示したものである。この表では、とくに激派のなかに大発勢以外の筑波勢や潮来《いたこ》勢といった激派のほかの部隊が入っている。一見してわかるように、尊攘派は最後まで郷士《ごうし》・村役人層のみならず、多数の一般農民を組織化していたことが知られる。しかし、大発勢は四、五千であった。この間に三〇〇〇人ほどの農民が尊攘派の部隊から逃亡したことになる。

たしかに水戸藩尊攘派は、多数の農民を志士に育て上げた。また多くの一般農民を動員できるようになった。水戸学がいかに民衆をとらえ、組織化するかに取り組んだ成果といえる。しかし、激派は過激な行動を繰り返した。激派の志士は力を結集して、藩政府を掌握して運動を展開しようとはしなかった。つねに藩政府の方針に逆って、実力行動に訴えることによって局面を打開しようとした。そこに大きな落し穴があった。民衆への配慮である。彼らは強借《ごうがり》をし、酷使《こくし》することによって賊徒と呼ばれるほど忌《い》み嫌われるにいたった。元治《げんじ》の内乱は水戸藩尊攘派に壊滅的な打撃を与えた。理由は、より広汎な民衆の支持を失ったからにほかならない。

水戸藩尊攘派は壊滅したが、水戸学は尊王攘夷思想として全国に広まった。次章では、水戸学を肯定的に受容した例として吉田松陰《よしだしょういん》を、批判的に対処した例として横井小楠《よこいしょうなん》を取り上げる。そして、水戸学がいかに当時、大きな影響力をもち、明治維新《めいじいしん》の思想的推進力として作用したかを確認することにしよう。

水戸学の影響

吉田松陰

長州藩の一下士《かし》である山鹿流《やまがりゅう》兵学師範《へいがくしはん》の家を嗣《つ》ぎ、わずか三十歳で生涯を終えた吉田松陰《よしだしょういん》が、幕末維新史のなかで高く評価される理由は、彼の思想的系譜から長州藩尊王攘夷《そんのうじょうい》派は生まれたからである。

山鹿流兵学師範

山鹿流の師範であったからといって、山鹿素行《やまがそこう》の学問をすべて継承したのではない。継承したのは武士道学と兵学《へいがく》であって、素行の古学《こがく》と日本中朝主義は継承しなかった。しかし、兵学師範であったことは、松陰の学問に大きな意味をもった。変化無窮《むきゅう》なる戦闘に勝つためには、広汎な知識と的確な判断力が必要であった。そのために松陰の学問は、当初から水戸学と同じく、採長補短《さいちょうほたん》の折衷的性格が顕著であった。

また兵学師範であったために、海防の問題と正面から向かい合わなければならなかった。

松陰が後見を解かれて自立したのは、嘉永元年（一八四八）、二十歳のときであるが、翌年には「水陸戦略《すいりくせんりゃく》」を書き、また海岸防御の巡視を行っている。

松陰がはじめて水戸学と接触したのは、嘉永三年（一八五〇）に「辺備摘案《へんびてきあん》」の著者、平戸《ひらど》の葉山佐内《はやまさない》を訪ねたときである。ここで会沢正志斎《あいざわせいしさい》の「新論《しんろん》」を読んでいる。しかし、このときはそれほど感銘は受けなかったようである。むしろこの西遊四ヵ月の間に、アヘン戦争を記した「阿夫容彙聞《あふよういぶん》」から、西洋砲術書「ペキセンス」にいたるまで、萩《はぎ》では読めなかった書を読み漁《あさ》っている。そして、長崎にも行き、オランダ船にも乗船した。

見聞を広めた松陰は、翌年三月に兵学修行のために江戸に出た。ここで松陰は終生師と仰ぐ、佐久間象山《さくましょうざん》に入門した。象山に師事することによって、松陰はよりたしかな欧米認識を得るようになる。松陰は攘夷論者であったが、彼の攘夷論は鎖国打払《さこくうちはらい》ではない。積極的に世界に進出する海外雄飛論である。これは象山の影響によるのである。

水戸行

江戸に出た松陰は思わぬ批判に動揺した。「御藩の人は日本の事に暗し」（『吉田松陰全集』普及版第八巻八四ページ。以下本節では同全集によるときは八―八四のように記す）。これまでの松陰にとって、海防は兵学者として当然取り組まなければならない問題であったのであって、そこに守るべき日本とは、いかなる国かの視点がなかったからに違いない。このころから松陰は、正志斎の「新論」などの水戸学の書を進

図21　吉田松陰（松陰神社蔵）

んで読むようになる。そして、四方を遊歴して国内の事情を知るために東北遊を、親友である肥後《ひご》藩の山鹿流兵学者、宮部鼎蔵《みやべていぞう》と計画した。最初にめざすのは水戸である。水戸行には南部藩士の江幡《えばた》五郎、のちに史家として名をなした那珂通高《なかみちたか》も同行した。

ところが予定がくるった。嘉永四年（一八五一）十二月十四日に出発の予定であったが、関所手形《てがた》が間にあわなかった。松陰は約束を違えるのは、「国家を辱むるなり」（一〇—一八九）といって、脱藩《だっぱん》して出発した。十九日に水戸に着いた松陰は、翌月二十日まで剣客《けんきゃく》永井《ながい》政介《まさすけ》の家に泊まった。

水戸に着いて三日目の二十一日に、松陰は正志斎を訪問した。この後五回、松陰は正志斎を訪問している。正志斎は松陰たちを、「率《おおむ》ね酒を設」け、「歓然《かんぜん》として欣《よろこ》びを交へ、心胸を吐露《とろ》して隠匿《いんとく》する所なし」（一〇—二一七）と歓迎した。正志斎がかくも歓迎したのは、下士《かし》とはいえ松陰が長州藩山鹿流兵学師範として、藩主に直接進言できる立場のものだったからに違いない。このほかに松陰は豊田天功《とよだてんこう》などに会っているが、藤田東湖《ふじたとうこ》はいまだ謹慎中で会えなかった。

尊攘派と交流

東湖には会えなかったが、尊攘派、天狗党《てんぐとう》とは深く交わった。松陰たちの寄留した永井家は、「水府の諸才子、吾れら三人のここに在るを聞き、稍稍来話し、夜々劇談して往々鶏鳴に至るを常と為す」（一〇―三二四）状況であった。このために水戸の滞在は長くなったと、松陰は記している。松陰は最初から天狗党贔負《びいき》であった。水戸に着いて間もない十二月二十三日に、正志斎の家で青山佩弦斎《はいげんさい》に会ったが、彼は「本《もと》天狗党たり。聞く、近ごろ姦党《かんとう》に駆使せられて」いるので、「因つて爾後《じご》は復《ま》た相見ざるなり」（一〇―一九八）と明言している。天狗党との夜ごとの劇談、それは松陰に正志斎の思想とは違った水戸学観を植え付けたに違いない。たとえば、松陰といえば「誠」の思想家といわれるが、この尊王論と結び付いた誠の思想は、東湖の誠の思想と無縁ではないであろう。

また松陰は水戸に来て、水戸学が有為《ゆうい》の人材を数多く育成しているのをみた。しかし、それは藩士だけではなかった。松陰は水戸領を通過しただけではなかった。各地で農村有志と交流している。たとえば、嘉永五年（一八五二）正月元旦、小場《おば》村の所《ところ》伊賀右衛門から、斉昭宥免《なりあきゆうめん》運動に奔走《ほんそう》した話を聞き、感動して作った詩は、「嗟乎《ああ》、挙朝の士夫《しふ》皆かくの如《ごと》くば、生民相忘れんや撃壌《げきじょう》の声、男児流落未《いま》だ料《はか》りやすからざるも、時窮《きわま》りて草莽《そうもう》に豪英を見る」（撃壌は大地を叩《たた》いて歌う声、太平を謳歌するさま）（一〇―二〇八）と結ばれているのである。在野《ざいや》の有志を意味する草莽の用語は、水戸学者がよく使用した用語である。後年の松陰の草莽崛起論はきわめて高く評価されるが、松陰が草莽を取り上げるのは、このとき以降である。実に水戸学を学ぶということは、松陰にとって農村に根深く立脚した水戸藩尊攘派を学ぶことでもあったのである。

水戸学を信奉

水戸を訪れた松陰は、水戸学から絶大なる影響を受けた。「客冬水府に遊ぶや、首《はじ》めて会沢・豊田の諸子に踵《いた》りて、其の語る所を聴き、輙《すなわ》ち嘆じて曰く、「身皇国に生れて、皇国の皇国たる所以《ゆえん》を知らざれば、何を以《もっ》てか天地に立たん」と。帰るや急に六国史《りっこくし》を取りて之《こ》れを読む」（六国史は古代朝廷が編纂した『日本書紀』以下の正史）（七―三五二）。松陰は歴史を通して「皇国」たる日本の認識を得ることを、水戸学から学んだのである。この点に関しては、師の象山《しょうざん》にも譲らなかった。「象山翁経《けい》学者《がくしゃ》にて、往年従学せし時も論語を熟読すべき由段々かたり、寅《とら》其の時は甚《はなは》だ然《しか》らずと申し、歴史を読んで賢豪の事を観て志気を激発するに如《し》かずとのみ申し居り候処、象山云はく、「夫《そ》れでは間違が出来《でき》る」と。然れども遂に其の言に従はず」（経学は儒教の経典《けいてん》を学ぶ学問。寅は松陰の通称寅次郎の略）（八―四〇三）と、松陰は述懐している。

東北遊から帰った松陰は、脱藩の罪によって帰藩を命じられた。そして、士籍を削られるが、一〇年間の諸国遊学が許可されて、ふたたび江戸に出た。江戸で松陰は東湖に会おうとするが果せなかった。それよりもペリー艦隊の来航である。

アメリカ行き失敗

嘉永六年（一八五三）六月三日のペリーの浦賀来航に、兵学者として松陰は軍事的に対抗できないことを認めていた。ついで七月十八日には、長崎にプチャーチンが来航した。象山らと対策を講じるなかで、象山の慫慂《しょうよう》にしたがって、松陰は欧米に行く決意をする。何をするにも、まず欧米を正確に知らなければならないからである。松陰の密行計画は、安政元年（一八五四）三月二十七日、下田沖《しもだおき》に停泊していたポーハタン号上で、ペリーに拒否されて失敗に終わった。囚人となって萩へ送り返された松陰は、野山獄《のやまごく》に入れられた。

山県太華と論争

松陰といえば、ほかのなによりも教育者である。その優れた才能を最初に発揮したのが、野山獄である。自堕落《じだらく》に陥っていた囚人たちを、松陰は再生させた。松陰は彼らのために『孟子《もうし》』を講義した。その原稿をまとめて「講孟箚記《こうもうさっき》」（後に「講孟余話」と改名）と題して、藩の碩儒山県太華《せきじゅやまがたたいか》に批評を乞うた。

太華はこれに応えて、評語を著わして批判した。その内容は松陰を愕然《がくぜん》とさせるものであった。「凡《およ》そ僕の綣々《けんけん》する所の、王を尊び夷を攘《はら》ひ、国体を重んじ、臣節を励まし、人材を育するの諸条は、一も翁の取る所とならず。茫然《ぼうぜん》自失し、惛《くら》くして進むこと能《あた》はず」（四—八四）。太華は水戸学の非合理性を指摘し、またひたすら朝廷を尊ぶので、幕府を軽視するようになる点を批判したのである。この批判に対して、松陰は「茫然自失《ぼうぜんじしつ》し」て挫折してしまったのではない。太華の「本藩にても近来水府の学を信ずる者間々之《こ》れあり」（三—五六五）との指摘に対して、躊躇《ちゅうちょ》することなく、「吉田寅次郎藤原矩方《のりかた》、其の人なり」（三—五六七）と答えて反論したのであった。そしてここに、教育者松陰の教育方針が、水戸学にもとづくものであったことが確認できる。

尊王絶対化

松陰の思想は、松陰自身が述べているのだが、安政四年（一八五七）春に確立された。これには、安政三年八月になされた勤王僧宇都宮黙霖《うつのみやもくりん》との論争が大きく作用している。この論争を松陰は、つぎのように回顧している。

天朝を憂へ、因《よ》つて遂に夷狄《いてき》を憤る者あり、夷狄を憤り因つて遂に天朝を憂ふる者あり。余幼にして家学を奉じ、兵法を講じ、夷狄は国患にして憤らざるべからざるを知れり。爾後《じご》偏《あまね》く夷狄の横《おう》なる所以《ゆえん》を考へ、国家の衰へし所以を知り、遂に天朝の深憂《しんゆう》、一朝一夕の故に非《あら》ざるを知れり。然《しか》れども其の孰《いず》れか本、孰れか末なるは、未だ自ら信ずる能はざりき。向《さき》に八月の間、一友に啓発せられて、矍然《かくぜん》として始めて悟れり。従前天朝を憂へしは、並《みな》夷狄に憤をなして見を起せり。本末既に錯《あやま》れり、真に天朝を

憂ふるに非ざりしなり。（四―一八六）

長州藩山鹿《やまが》流兵学師範の立場から尊攘論者になった松陰には、尊王を強調しても、なお依然として攘夷のための手段としての意識が濃厚であったのである。以後の松陰は、尊王そのものを目的とし、絶対化させる。尊王絶対化、それは水戸学本来のあり方であった。

本居学

同時に読書傾向が変わった。水戸学の書も読むのだが、この年十月から翌年一月にかけて、本居宣長《もとおりのりなが》の『古事記伝《こじきでん》』の神代《しんだい》の分十七巻を読んだのをはじめ、以後、国学者の著作を読むようになる。漢学中心の学問をした松陰は、これまでほとんど国学者の著作を読まなかった。松陰はこれ以後、本居学を水戸学同様に高く評価するようになる。松陰が処刑されたのは、安政六年（一八五九）十月二十七日であるが、その一週間前に書いた書簡の一節には、つぎのようにある。

扨《さ》て学問の節目を糺《ただ》し候事が誠に肝要にて、朱子学《しゅしがく》ぢやの陽明学《ようめいがく》ぢやのと一偏の事にては何の役にも立ち申さず、尊王攘夷の四字を眼目として、何人の書にても何人の学にても其の長ずる所を取る様にすべし。本居学と水戸学とは頗《すこぶ》る不同あれども、尊攘の二字はいづれも同じ。（九―四八八）

松陰は尊攘思想として、本居学を水戸学同様に評価していたのである。しかし、これは不可解な話である。なぜならば、尊王論としてはもちろん本居学は、その理論的基礎をなしたといえるが、攘夷論とは一般的には認められないからである。なぜ松陰はこのような理解をしたのであろうか。

「新論」を誤読

ところで、松陰が水戸学といったときに、第一にあげるのは正志斎《せいしさい》の「新論《しんろん》」である。もちろん折衷的な松陰の思想において、すべてを肯定していたのではない。たとえば、実際の海防に役立たない点は明白に批判している。それゆえにこそ、象山に師事していたのである。

それでは「新論」のなにを評価していたのであろうか。一つには天皇は天祖《てんそ》と一体との神道論である。しかし、松陰の神代観は正志斎とは異質である。松陰は太華《たいか》の神代紀の非合理性の指摘に対して、「先生神代の巻を信ぜず。故に其の説是《か》くの如し」（三―五五一）と批判し、また「論ずるは則ち可ならず。疑ふは尤《もっと》も可ならず。皇国の道　悉《ことごと》く神代に原《もと》づく。則ち此の巻は臣子の宜《よろ》しく信奉すべき所なり。其の疑はしきものに至りては闕如《けつじょ》して論ぜざるこそ、慎みの至りなり」（三―五五三）と反論している。正志斎の神道論は儒教《きょう》理論におっており、記紀神話には批判的であった。これに対して、松陰は神代紀を信奉するのである。これは水戸学では、本居の思想を導入して非合理的な宗教性を強めた、東湖の思想である。

松陰はもう一点、「新論」を評価している。

舟中宮部《みやべ》と新論を読むこと数過、内に一言懐に触るるものあり、曰《いわ》く、「英雄の天下を鼓舞《こぶ》するや、唯《た》だ民の動かざらんことを恐れ、庸人の一時を糊塗《こと》するや、唯だ民の或は動かんことを恐る」。此の言以《もっ》て今日の事を論ずべしと。（八―二二八）

水戸学が下士《かし》のみならず、民衆を動員する思想であった点である。この意味でも松陰は、「新論」を誤解していたといわなければならない。正志斎は民衆に激しい不信感を抱いていた。それゆえにこそ、幕藩体制を擁護する立場から、神道《しんとう》による国家主義的な教化政策を説いたのである。もちろん、身分制を否定する要素はなかった。民が動くといっても、個人的な例外はともかく、上からの秩序づけにしたがって、身分相応に動くことが期待されたのである。松陰は、農村に根深く立脚した水戸藩尊攘派を理想とした。そうなるためには、東湖が本居学に学び、国体の尊厳性を風俗に帰したように、民衆を信頼することが必要である。この前提のうえに、一人ひとりが尊王の自覚をもって主体的に行動することを期待する東湖の思想こそが、水戸藩尊攘派を成立させたのである。

東湖を通して本居学を

松陰が正志斎と東湖の思想の質的な違いに言及することはない。水戸学といえば、第一に「新論」であった。しかし、その理解の仕方は東湖なのである。もちろん、松陰は東湖も評価していた。会いたかったけれども、ついに会えなかった。著作との接触は「新論」より遅れる。「常陸帯《ひたちおび》」は嘉永五年（一八五二）正月にはすでに読んでいるが、「弘道館《こうどうかん》記述義《きじゅつぎ》」は確認できるかぎりでは安政二年（一八五五）十月である。ただし、それ以前に読んでいたかも知れない。しかし、たとえ読んでいなかったとしても、水戸に行ったときの水戸人との夜ごとの劇談のなかで、その趣旨の大要は知ったであろう。かくして松陰の水戸学理解は東湖になったのである。松陰は、正志斎の「新論」を誤解していたのである。それは水戸学の名で、東湖と同じと前提にしたことから生じたものとみなせる。そして、東湖を通して本居を理解したので、本居の思想を尊攘思想ととらえたのではないだろうか。

討幕論

松陰は安政二年（一八五五）十二月十五日に野山獄《のやまごく》を出獄して、実家に帰った。そこで松下村塾《しょうかそんじゅく》を経営する。ここには高杉晋作《たかすぎしんさく》のような上士の子弟も来たが、下士以下の若者たちが多く集まった。この時期の松陰は草莽《そうもう》について語らないが、教育による草莽の養成といえる。その一方で、改革に動かない支配層に絶望感を募らせる。そして、安政五年七月十三日、違勅条約調印《いちょくじょうやくちょういん》の報に、「国患を思はず、国辱を顧みず、而《しか》して天勅《てんちょく》を奉ぜず。是《こ》れ征夷《せいい》の罪にして、天地も容《い》れず、神人皆憤る。これを大義に準じて、討滅誅戮《とうめつちゅうりく》して、然《しか》る後可なり、少しも宥《ゆる》すべからざるなり」（五―一七二）と、討幕を明言するにいたる。草莽崛起論《そうもうくっきろん》を展開するのである。

水戸学者と違って松陰ははやくから討幕を口にするが、同時に否定した。幕府政治は朝廷からの委任であり、その任に耐ええるもののみが任じられなければならなかった。そのうえ討幕をするには、する側、長州藩なり松陰なりが、自己の果たすべき職分を十分に果たしていなければならなかった。しかし、そうした現実ではないと考えたからである。この後も改革派である一橋《ひとつばし》派《は》に期待して、討幕と斬奸《ざんかん》の間を揺れ動く松陰であった。

草莽崛起論

松陰の草莽崛起論は、急速に流動化する困難な情勢のなかにあって、安政六年（一八五九）二月段階には、「草莽崛起に非《あら》ずんば、何を以《もっ》て快を取らん」（六—二二四）とまで表現されるにいたった。もちろん、この思想的背景は水戸学であった。

松陰は、水戸藩などが江戸で井伊《いい》大老《たいろう》を討つと聞いて、これに呼応して上洛《じょうらく》する間部《まなべ》老中を要撃する計画をたてた。間部要撃策を実施するために、松陰は藩に大砲の借用願いを安政五年（一八五八）十一月六日に提出した。このために松陰は十二月二十六日に、野《の》山獄《やまごく》にふたたび入れられた。このとき、松陰は「新論」を借りてもっていった。また入獄中に、「弘道館記述義」を借りている。このことは、この時期とても松陰は水戸学の信奉者であったことを十分示している。

草莽崛起論は、思想的に水戸学によって武装された水戸藩尊攘派を理想としていた。安政六年（一八五九）正月、松陰が草莽崛起論を一段と高揚させたとき、水戸藩と長州藩とを松陰はつぎのように比較した。「今の行成《ゆきなり》にて直様《すぐさま》乱に及び候はば、江家は必ず滅亡すべし。水戸抔《など》は一旦事起り候はば、又再起の徴もあるなり」（江家は大江氏で毛利氏のこと）（九―二〇四）。松陰は急速に流動化する情勢に対応できる力を、水戸藩および水戸藩尊攘派に見出していたのである。そして、そのような水準に長州藩を高めることを、草莽崛起論は意図していたのである。このような力を、松陰はなにに認めていたのであろうか。改めて確認しよう。

農民の主体的参加

安政六年（一八五九）八月、江戸の獄で松陰は、「又水戸に奥田隼《おくだはや》人《と》と申す人あり。水戸と将軍と一和の策を謀り、京に上り某親王へ説く積りの所、三島宿にて捕はる。牢入りの上病気に付き宿預けとなる。右四人皆百姓なり。常陸《ひたち》の国風何と感心なものではなきか。尤《もつと》も是《こ》れを以て食禄《しよくろく》の人恃《たの》むに足らざる事著眼すべし」（ほかの三人は、堀江克之助・信田《しのだ》仁十郎・蓮田藤蔵である）（九―四三五）と語っている。まさしく松陰は農民の主体的参加に、水戸藩尊攘派の強さを見出していたのである。そして、その思想的支えとして、松陰は水戸学を理解していたのである。それゆえにこそ、その最後にあたって松陰は弟子たちに、水戸学を学ぶこと、水戸藩尊攘派と交わることを期待したのであった。

松陰は、安政六年（一八五九）十月二十七日に処刑された。しかし、彼の思想は弟子たちに引き継がれた。それは奇兵隊《きへいたい》・諸隊の編成となって結実した。長州藩尊攘派は下からの力を結集して、ついには討幕を実現させるのである。

横井小楠

小楠と東湖

熊本藩士横井小楠《よこいしょうなん》は幕末の思想家のなかで、儒教《じゅきょう》の普遍性を追究した開明的な思想家として知られる。しかし、小楠ははじめ、水戸学《みとがく》を支持した。いつごろから水戸学に関心を抱いたか正確には不明である。明確なのは天保十年（一八三九）、三十一歳のときに江戸に遊学したときである。四月十六日に江戸に着いた小楠は、五月十七日にさっそく、藤田東湖《ふじたとうこ》を訪ねた。この日のことを記した小楠の「遊学雑志《ゆうがくざつし》」によれば、小楠は斉昭《なりあき》擁立運動について記した「龍宮夢物語《りゅうぐうゆめものがたり》」を読んでおり、東湖の名声を聞くこと久しかった。

東湖に会った小楠はその学問を、心性《しんせい》を説く程朱《ていしゅ》流の窮理学《きゅうりがく》ではなく、熊沢蕃山《くまざわばんざん》のような実際の政治に役立つものとみなした。もちろん、改革の実績がある。そのうえ、弁舌は爽快で議論は精密、武人としても優れていた。小楠は、「当時諸藩中にて虎之助程の男は少かる可《べ》し」（虎之助は東湖の通称）（『横井小楠遺稿』七九九ページ。以下本節ではこの書によるときは、遺稿七九九のように記す）と、すっかり東湖に惚れ込んでしまった。小楠は改革の思想として水戸学を、それ以上にそれを推進する主体としての人格、東湖を評価したのである。そして、翌年水戸に帰る東湖を頼って、水戸遊学を計画した。

しかし、水戸遊学は実現しなかった。この年十二月二十五日、東湖の催した忘年会の席上、集まった諸藩の知名の士に、時勢を悲憤慷慨《ひふんこうがい》する詩を賦して、議論を求めて座を白けさせてしまった。この事件が藩に聞こえて、小楠は帰藩を命じられたのである。

図22　横井小楠（福井市立郷土歴史博物館蔵）

熊本に帰った小楠は儒学を研究し直した。朱子学を実学ととらえて、長岡監物《ながおかけんもつ》・元田永《なが》孚《ざね》らと研究会を開いた。実学党《じつがくとう》の成立である。実学といったとき、小楠が求めていたものは、天保十四年（一八四三）に著わした「時務策《じむさく》」が示すように、民衆に利益のある富国《ふこく》の政治を実現する学問である。小楠は熊沢蕃山を重視する。水戸学を評価したのも、改革の実績からであった。朱子学を実学ととらえたのは、その高次での精神面の支えとしてであろう。

一方、熊本に帰った小楠は、東湖に触発されて「南朝史稿《なんちようしこう》」を書いている。この時期の小楠は水戸学から歴史に学んで治乱《ちらん》の迹《あと》を鑑戒《かんかい》とし、また尊王思想を体得することも学んだのである。

水戸学の偏向性

嘉永年間までの小楠は、高く水戸学を評価していた。しかし、小楠の思想からみて、一点、憂慮すべきものがあった。それは水戸藩の「朋《ほう》党《とう》の禍」である。

誤報であったのだが、嘉永三年（一八五〇）六月十九日、東湖が譴慎を解かれたと聞いた小楠は、さっそく東湖にふたたび親交を求める書簡を送った。もちろん、水戸学と水戸藩の実績を称讃する文面であった。しかし、そのなかに「朋党之禍」の一条を設けて、遺憾の意を表している。「方今儒者、号して宿儒と被レ称《しようせられ》候ものも、全体利害之私心を抱き、曾《かつ》て義理之心肝を失ひ申候」（遺稿一四四）とまで書いている。ただし、この書簡の脈絡で読むと、批判されているのは水戸藩の保守派と読める。嘉永四年二月二十五日に書かれた宮部鼎蔵《みやべていぞう》を紹介した東湖宛書簡にも、より簡略なかたちであるが、朋党の禍に言及している。

右の東湖宛書簡では東湖たちを称讃して、思想的になんら問題点はないように思われる。しかし、そうではなかった。嘉永五年（一八五二）五月二十一日に、福井藩の吉田悌蔵《よしだていぞう》が水戸藩の藩内対立を知らせてきたのに応えた書簡では、「兎角《とかく》水学之病は一偏に落入り、助長之所、此以後も甚《はなはだもって》以気遣《きづかい》仕候」（遺稿一七三）と記されている。水戸学には偏向性があり、それが対立を助長していると心配しているのである。では、それはなにか。

誠の欠如

嘉永六年（一八五三）四月十七日、小楠は水戸藩政が回復されたとの報に、東湖に慶賀の書簡を送った。小楠は、それが水戸一藩のみでなく、日本全体の改革を実現させる基礎になると、慶賀の意を表したのである。同時にこの書簡では、藩内党争について忌憚《きたん》のない忠告を記した。第一の根本は「御父子様御和熟」であると。慶篤《よしあつ》は父斉昭《なりあき》を信じ、その志を継承するようにしなければならない。そのためには、「御左右を始《はじめ》諸臣の御心得」「主として誠心《せいしん》を此処に被ㇾ尽度《つくされたく》」、そして、慶篤の「御誠心御開導」をしなければならないと論じている（遺稿九五三〜九五四）。

小楠は藩内宥和《ゆうわ》のためには、「誠」がなによりも大切であると説いたのである。誠とは、東湖の思想のもっとも重要な概念の一つである。小楠は東湖の誠を推奨《すいしょう》したのであろうか。そうではない。小楠は水戸の朋党の禍を憂慮していた。それは水戸学の偏向性によると指摘していた。そして、ここで宥和のためには「誠」が重要であると説いた。したがって、この「誠」の欠如に水戸学の偏向性を認めていたと理解できる。つぎにみるように、のちに小楠は水戸学を批判するようになる。そのとき、第一に問題としたのは誠であった。

小楠は水戸学の問題点を、はやくから認識していたのである。

東湖の誠批判

問題点は認識していたが、ペリー来航のころまでの小楠は水戸学を支持していた。幕政参与になった斉昭には、全面的な改革の実践を期待した。当時の小楠は打払《うちはらい》攘夷論者《じょういろんしゃ》であった。しかし、斉昭の見解は、対内的には攘夷を唱えて人心を引き締め、対外的には和平を否定しない内戦外和論《ないせんがいわろん》であった。そのうえ、小楠の期待と違って、斉昭に与えられた権限はほとんどなかった。したがって、改革は一向に進まなかった。安政元年（一八五四）三月三日の日米和親条約締結《にちべいわしんじょうやくていけつ》後、小楠は斉昭の術策性に批判的になる。そして、水戸学を正面から批判するようになった。

安政二年（一八五五）十一月、柳川《やながわ》藩の立花壱岐《たちばないき》宛書簡において、十月の安政の大地震に東湖が死亡したことを惜しみ、「藤田を失候ては外に可レ言《いうべき》人も無二御座《ござなし》一」といいながら、小楠は質問された東湖の誠の問題点を、明白につぎのように批判した（遺稿二二七～二二八）。

池辺氏藤田応接之上、水府之誠、一所違有《ひとところちがいこれあり》レ之候一条に因て御返書之趣、御同意に奉《ぞんじたてまつり》レ存候。然処《しかるところ》此一所違と申所、全体大違之事にて、水府の所《いわゆる》レ謂誠意を内に積と申は、恐らく真之誠意にては無《これなく》レ之、全く利害之一心と奉《ぞんじたてまつる》レ存（此利害之一心と申は、一身之利心を指して申事にては無《これなく》レ之、事之成否を見る之利害心にて有《これあり》レ之候へば、所詮《しよせん》之処は一身之利害にも落申候)。其故、事を為《な》し行《おこなう》之《の》上、総て表立候筋は嫌ひ、必ず密に手を附之《つけるの》事に相成申候。

東湖にとって尊王攘夷の教育を受けたものは、不敬・不和の状を呈するほど激しく行動する。しかし、大義・大節においては、「期せずして揆《き》を同じく」するのである。自己の見解に固執して、他人の意見を採用しようとしない彼らが一致できるのは、「奉上《ほうじよう》之誠」、天皇に忠節を尽す誠の心を共有しているからであった。東湖にとって誠は、尊王と直結しているのである。誠は激派的行為の源泉となっているのである。

しかし、儒教でいう誠とは、窮極的な価値の源泉である天地に通じる心の状態をいう。小楠もこの意味で誠を使う。「誠は宇宙の間のこと、皆是《これ》にひゞかざるはなき者に候」(遺稿九〇〇)。「誠は本然の真実、源頭より湧出す。工夫を用ひず」(遺稿九二八)。小楠のいう誠は政治的に尊王と結び付く性格ではなく、もっと本質的なものと結び付いた清浄な心を意味したのである。

東湖の誠の現実

それでは尊王の政治論と誠が結び付いたとき、具体的にどうなるのか。政治は成果をあげなければ意味がない。したがって、小楠のいうように「一身之利心」はなくとも、成果をあげるために努力する。「利害之一心」である。そのうえ、心は誠であると自負したとするならば、手段を選ばない術策《じゆつさく》性に陥るのは、なかば必然といえる。小楠はそれを斉昭に認める。立花壱岐《たちばないき》宛書簡では斉昭を、「老公天下大柱石之御身として、正大明白之処に御立脚無レ之《これなく》、却《かえっ》て隠険の智術に御運び被レ成候半《なされそうらわん》、実に笑止《しょうし》に奉レ存《ぞんじたてまつり》候」と批判している。まして、それが一般の志士《しし》に適用されたら、どうなるであろうか。小楠は同書簡で、つぎのように指摘する。

世之所レ謂《いわゆる》慷慨《こうがい》者は、唯《ただ》一偏に事を為さんと欲し、無理有理をわきまへずして、ひたすら其事を遂げ得んと懸り候は、是《これ》其人不見識なるのみならず、其心術専に功名《こうみょう》之上に馳候て、義理正大之筋を表に押立候輩《ともがら》にて、事こそ替《かわ》れ、戦国山師《やまし》者共と同様之輩にて、今日に於《おい》て深く恐るべき事に有レ之《これあり》候。

しっかりと思考しない不見識のもので、表面は義理正大を立てるけれども、内実は功名心に走る、戦国時代の山師同様のものととらえるのである。

三代に返れ

この時期は、小楠の思想の確立期であった。実学党は、『大学《だいがく》』の劈頭《へきとう》の語、「明明徳《めいとくをあきらかにす》」と「新民《たみをあらたにす》」の解釈をめぐって、「明明徳」を第一義とする長岡監物《ながおかけんもつ》ら上中士層と、「新民」を重視する小楠ら下士豪農層とに分裂した。小楠は形而上学《けいじじょうがく》的に心性を説く朱子学を否定して、富国安民の政治を実現した堯舜禹《ぎょうしゅんう》の聖人の時代、「三代に返《かえ》れ」を主張する。

また欧米に関する知見を広め、その政治・社会制度を評価するようになる。たとえば、堯舜禹の禅譲《ぜんじょう》（有徳者に王位を譲ること）から、アメリカの大統領制を讃えさえした。弱肉強食の国際政治に対しても、「三代の道」が強調された結果、すべての国家が道の前に平等ととらえられた。さらに世界平和の実現が唱えられた。

小楠は夷狄《いてき》観を克服して開国論者となった。そして内政問題では、公《こう》武合体《ぶがったい》派の論客として活躍する。

反尊攘派の論客

安政五年（一八五八）、越前藩に招聘《しょうへい》された小楠は、その理想の政治の実現をここで試みた。富国安民《ふこくあんみん》の政治は由利公正《ゆりきみまさ》によって実施された。一方、越前藩は藩主松平慶永《まつだいらよしなが》が斉昭に改革政治の指導を受けた関係から、水戸学の影響の強い藩であった。藩校明道館《めいどうかん》の建学の精神を記した「明道館記」も、「弘道館記《こうどうかんき》」を模範としていた。小楠は水戸学的環境の除去に努めた。安政五年八月に熊本の同志に宛てた書簡には、「水府流之文武節倹之弊政《へいせい》、夫々《それぞれ》相改候筈に申談、何方も無㆓異儀㆒《いぎなき》事に御座候」（遺稿二七四）と記されている。

越前藩における小楠の水戸学排除の努力は、かなり成功した。文久元年（一八六一）二月の書簡では、「江戸表は水府党類の為に何《いずれ》も心魂を被㆑奪《うばわれ》、他之事に及び不㆑申《もうさず》候。水府之学問天下之大害を為し、扨々絶㆓言語㆒《さてさてげんごにぜっし》申候。此許《ここもと》も有志者と被㆑唱《しょうされ》候者は、大抵此学に陥入居《おちいりいりおり》申候処、小拙罷出《まかりいで》候ては必死に打破り、今日に至り候ては、先此弊害は消亡に至り申候」（遺稿三五四）と、成果を誇っている。

小楠の水戸学の影響力に関する評価は、甘かったといわねばならない。
全国的には右に小楠が述べたように、大きな影響力を発揮していた。それにもかかわらず、小楠は過小に評価した。文久元年（一八六一）六月の書簡には、「天《てん》狗党《ぐとう》大分有《これあり》レ之、扨々《さてさて》絶二言語一《げんごにぜっし》申候。然《しか》し列藩《れっぱん》中同意と申は、薩州・長州抔《など》少々之馬鹿物共にて、一躰《いったい》は水府を是《ぜ》といたし候勢、絶て無《これなし》レ之」（遺稿三六二）と記している。事実としてはこの後、長州では松門《しょうもん》、薩摩では大久保利通《おおくぼとしみち》らによって水戸学は継承されて、討幕が実現するのである。

尊攘派の攻勢

尊攘派の攻勢は激しかった。文久三年（一八六三）の将軍上洛では、攘夷国是《こくぜ》が決定された。これに対して、越前藩は挙藩上洛を計画した。小楠はその中心であった。朝廷を中心として、幕府・諸藩の公議輿論《よろん》の政治制度の確立がめざされた。しかし、挙藩上洛は実現しなかった。藩論が変わって、小楠は熊本に帰った。

神道批判

熊本に帰った小楠は、前年十二月の刺客《しかく》に襲われて逃げた士道忘却事件のために、士籍《しせき》を剝奪《はくだつ》されて熊本郊外の沼山津《ぬやまづ》に隠棲《いんせい》した。この時期、小楠は水戸学的な尊攘思想に対して、神道《しんとう》に関する批判を顕《あらわ》にする。

元治元年（一八六四）、沼山津を訪れた井上毅《いのうえこわし》に対して、小楠は「日本の□□なども、尤《もっとも》害あるものにて、近来水戸・長州の滅亡を取候にて知れ候」「□□の害は甚しきことにて、水戸・長州など□□を奉じ候族《やから》、君父に向い（ママ）弓を引候埒《らち》に相成候」（□□は伏字、神道であることは疑いない）（遺稿九〇二・九一〇）と答えている。小楠が神道に危険性を感じたのは、いつからかは明確でない。安政三年（一八五六）十二月に儒仏神を論じた書簡では、「□□は全く荒唐《こうとう》無稽《むけい》、些《いささか》之条理無レ之《これなし》」（遺稿二四二）としか書かれていない。激派の思想的背景とはみていなかったのである。小楠は尊攘派と対決していくなかで、彼らに宗教的な情熱を強く感じるようになったのであろう。

矛盾した東湖をみる眼

安政以後、小楠は水戸学を批判し、尊攘派とするどく対決した。しかし、それは右にみたように、激派の思想である東湖の思想こそふさわしい。誠の問題では、小楠自身が明言していた。神道の問題も、「弘道館記述義」で本居学を導入して古典を信奉し、神代以来の「奉上之誠」を説いた非合理的な東湖の神道観こそ、激派のものであった。

　しかし、小楠が東湖を名指しで批判したのは、一回しかない。東湖への言及は生前は称讃であり、死後は哀惜《あいせき》である。なぜであろうか。おそらく小楠は、東湖の思想にはやくから一部問題点を認めながらも、東湖の人格、識見・指導力に理想の姿を認めたからではないだろうか。最初に会ったときの感想は、これを伝えている。情勢の展開とともに、それが大きな政治問題になったときにも、小楠はつねに東湖が生きていたなら、との思いをもっていたのではないだろうか。小楠の東湖をみる眼は、矛盾しているのである。

　小楠は東湖を批判していた。しかし、小楠が水戸学全体を否定していたとはいえない。たとえば、慶応元年（一八六五）に沼山津《ぬやまづ》を訪れた元田

正志斎を評価

永孚《ながざね》に小楠は、「水戸は君子党と申すも尽く君子に無《これなく》レ之、小人党と呼候も或は見込有て異議有《これあり》レ之候者も間《まま》には有レ之候て、国主不明にて天狗党の者共のみを専《もっぱら》信用なされ、己も分党の一人となられし勢故、如《かくのごとく》レ是の大禍を醸し候」（遺稿九一三）とのべている。ところで、小楠は東湖とは異質であった会沢正志斎《あいざわせいしさい》を、どうみていたのであろうか。

　正志斎に関する言及は少ない。そのなかで、つぎの指摘は見過すことができない。文久三年（一八六三）秋に、勅書返納《ちょくしょへんのう》問題で返納を主張した正志斎が豊田天功《とよだてんこう》に宛てた書簡を引用して、小楠はつぎのように正志斎を評価した。

　会沢此論至理至当《しりしとう》、間然無《これなく》レ之、老公御父子御同意にて、勅書御返納に相極《あいきめ》候。然《しかる》処《ところ》大小天狗《てんぐ》連、一切承引致し不《もうさず》レ申、大天狗連の者共二百人程、長岡と申処に出張し、勅書返納を相拒む。（遺稿三〇九）

　ここで重要な点は、正志斎の至理至当な議論によって、勅書返納が決定したと述べただけではなく、これに対して大小天狗連は一切承引せずに、とくに大天狗連は実力で阻止行動に出たと述べていることである。すなわち、正しい議論の正志斎は天狗、尊攘派とは異

質だと認めているのである。勅書返納問題での発言だけをとらえているとも考えられるが、小楠のような理論家が、状況論からのみ発言したとは考えにくい。小楠は、正志斎の思想を尊王攘夷運動のイデオロギーとはみなしていなかったのである。小楠は、水戸学に異質なものが混在していることを知っていたのである。

補完関係

正志斎は「新論」において、儒教理論にもとづいた神道によって民衆教化を説いた。これに対して、小楠は儒教を理想化して、開明的な方向性を可能な限り展開した思想家である。両者は一見、あいいれないようにみえる。しかし、三代を理想としてからの小楠には水戸学的な尊攘論が影をひそめるが、儒者であった小楠は身分制を否定しなかった。むしろ小楠は、富国安民の政治を実現させるために、上級の為政者の道徳性を説いたのである。そこに欠如していたのは、民衆をいかに組織化するかの視点であった。そのうえ、小楠は欧米列強の富強の基礎には、キリスト教があるとみなしていたのである。両者はあい補う関係にあったといえる。

小楠が正志斎をどうとらえていたかは、正確には不明である。しかし、民衆をいかに統合し、組織化するかの視点を導入したとき、両者は補完関係にあった。しかも、この視点を導入したときには、東湖にまで還元されるのではないだろうか。正志斎は民衆に激しい不信感をもっていたからである。たしかに小楠は東湖の所説を批判し、尊攘派と対決した。

しかし、民衆をいかにとらえるか、尊王とのかかわりのなかで、いかなる道徳が確立されなければならないかを考えたとき、東湖に理想を認めた小楠は、どう考えたであろうか。

小楠は維新政府に招かれて参与《さんよ》になった。そして、明治二年（一八六九）一月五日に暗殺された。六十歳であった。小楠は開明的な思想家であった。しかし、右の問題を考えるとき、儒者であった小楠がその後、生き長らえたとしても、開明的な方向にのみ進んだとはいえない。教育勅語《きょういくちょくご》は、小楠の後輩である元田永孚《もとだながざね》と井上毅《こわし》によって作られたことも、思い起こすべきである。

水戸学が問いかけること──エピローグ

二重双頭の構造

水戸学《みとがく》は明治維新の思想的推進力であった。しかし、水戸学と一口にいうけれども、そこには異質な要素が混在していた。水戸学は二重《にじゅう》双頭《そうとう》の構造をしているのである。すなわち、下部には徳川光圀《みつくに》以来の『大日本史《だいにほんし》』に代表される儒教的歴史学がある。『大日本史』は近代にいたるまで、日本人に道徳観と歴史観の具体像を提供し、尊王思想を扇揚《せんよう》した。上部には会沢正志斎《あいざわせいしさい》の「新論《しんろん》」に代表される政治論と、藤田東湖《ふじたとうこ》の「弘道館記述義《こうどうかんきじゅつぎ》」に代表される道徳論がある。この上部の二書は著しく性格を異にしていた。

正志斎の「新論」

水戸学は寛政年間以来、内憂《ないゆう》・外患《がいかん》の危機を鋭敏に感じ取って、その解決のために尊王絶対化の思想を形成していった。文政八年（一八二五）に著わされた正志斎の「新論」は、その一つの到達点であった。「民志一」になれば欧米列強と対抗できると考えた正志斎は、そのために天皇を祭主《さいしゅ》とする神道《しんとう》によって民衆を教化し、国民統合を達成しようとした。神道といっても儒教理論に負っていた。

民衆の教化を説いた「新論」は、民衆に激しい不信感を抱いていた。内憂の危機は内乱寸前ととらえられている。それゆえにこそ、教化による上からの支配の再確立が説かれたのである。しかし、尊王とは祭主である天皇を戴いて統一を達成することであり、天皇が政治的君主である必要はなかった。あくまで幕藩体制を擁護する立場から書かれた書である。まして身分制は当然の前提であった。

「新論」は幕藩体制を擁護する立場から、上からの国家主義政策を説いた書である。それゆえに尊攘《そんじよう》の志士《しし》の過激な行動に対して、正志斎は鎮派《ちんぱ》の論客《ろんきやく》として激しく批判した。たしかに「新論」は志士たちに聖典視された。それは欧米列強に対抗できる国家を建設するための指針として、吉田松陰《よしだしょういん》にみたように、志士たちがその精神を読み変えたからである。また天皇制下に神道国教化政策などの国家主義政策の書として尊重されたのも、正志斎にとってもっとも重要な論点であった幕藩体制の擁護を、欠落させて理解したからといわねばならない。

天保改革以前に著わされた「新論」と違って、改革後の弘化四年（一八四七）に著わされた「弘道館記述義」には、著者の藤田東湖が改革派の中心人物であったこともあり、改革の成果が反映されている。民衆を信頼するようになったのである。

東湖の「弘道館記述義」

それは理論的には国学、本居学の導入となった。神代《しんだい》は古典に記されたままに信奉する対象となった。非合理的な宗教性をまし、固有の道として尊王絶対化が強化されたのである。また本居説を採用して、「国体の尊厳」を風俗に帰した。儒教の説くように、教化によって民衆の間に支配に従順な風俗を形成することが目的とされたのではなく、古代以来、一般国民の間に伝えられた風俗にこそ、わが国の尊厳性が認められると説いたのである。それは民衆のあり方を肯定したことであり、そのうえに国家社会が建設されることを説いたのである。かくして支配層である武士の現実、無能・腐敗・堕落は厳しく批判された。

そのうえ「弘道館記述義」は、藩校弘道館の建学の精神を説いた書であった。それゆえに学生の一人ひとりに道徳的に覚醒し、天皇のために主体的に働くことが説かれた。さらにこの道徳が、広く民間に広まることが期待された。東湖の思想は横井小楠《よこいしょうなん》の批判にみたように、志士たちが過激な行動に走る思想的背景となったのである。

しかし、「弘道館記述義」は、御三家水戸藩の藩校弘道館の建学の精神を記した書である。それゆえに表面、結論的には幕藩体制の擁護論である。それにもかかわらず、風俗を基盤とする国家、一人ひとりが天皇のために主体的に働く国家とは、幕藩体制とは異質な国家であった。それは疑いもなく、教育勅語に示された近代天皇制国家である。東湖の「弘道館記述義」は、天皇制の国民道徳の書として尊重されたのである。

しかし、このことは確認しておかなければならない。風俗が民衆的なものだからといって、近代的なものを期待してはならない。それは上下的な秩序を重んじる、当時の民衆の根深い封建意識そのものであったのである。

水戸学とは東湖論

二重双頭の構造をしている水戸学であるが、水戸学を代表するのは東湖の思想である。幕末に尊王攘夷運動の思想的背景となったのは、東湖の思想であった。また近代においても、水戸学の信奉者の水戸学論は一般に東湖であった。たとえば、皇国史観《こうこくしかん》の平泉澄《ひらいずみきよし》の水戸学論は東湖論であった。そして、なによりもこのことを象徴的に示しているのが、水戸の偕楽園《かいらくえん》の隣にある、徳川光圀《みつくに》と斉昭を祭る常磐《ときわ》神社の境内にある東湖神社である。祭神は藤田彪尊《たけきのみこと》、東湖である。ここにほかの水戸学者を祭った神社はない。このことは、本来水戸学者のなかで、もっとも高く評価されていたのは東湖であったことを、なによりも雄弁に物語っているのである。

近代において東湖が高く評価された理由は、もちろん教育勅語との関係である。ところが、戦後に水戸学といったときに主としてとらえられるのは、会沢正志斎であり、その主著「新論」である。戦後一貫して、幕末から近代にかけての水戸学の意義は無視ないし軽視されてきたが、その背景にはこの誤解が存在したのである。それでは、なぜこの誤解は生じたのであろうか。それは、おそらくつぎの事情によると思われる。

昭和のファシズム期には、水戸学は異常なほどに顕彰《けんしょう》された。この時期、東湖の思想も右翼運動に大きく影響したが、それ以上に正志斎の「新論」が取り上げられた。攘夷論を展開した「新論」は、天皇のもと、一丸となって欧米列強と対抗することを説いただけでなく、世界を秩序づけ支配することを謳《うた》い上げていたからである。「新論」は当時の国策に、より適合していたのである。

戦争中、水戸学は狂信的に称讃された。それはおよそ理性的とか、学問的とかいえるものではなかった。このために戦後、水戸学は嫌悪された。良心的な人ほど嫌ったといえる。水戸学はまともに研究されることはなかった。こうして水戸学とは、正志斎の「新論」であるとの誤解が一般化したのである。

近代をどうとらえるか

水戸学は明治維新の思想的推進力であった。しかし、私は水戸学だけによって明治維新が成立したと説くつもりはない。水戸学は当時存在した学問・思想を総合しようとしたが、理路整然とした体系性はもちえなかった。

つねに矛盾し、曖昧である。東湖の思想とても、いわばぎりぎりの到達点であったのであり、そのうえに議論が展開されているのではない。それゆえに、各分野はそれぞれの意味あいにおいて、明治維新とのかかわりが解明されるべきである。そのなかでもとくに、近代的な思想・制度・科学技術をもたらした洋学は、近代国家を建設するためには不可欠であった。

明治維新の結果、日本は積極的に欧米の先進文化を取り入れて、近代国家を建設した。この近代国家をいかにとらえるか。明治維新を封建制を否定した革命ととらえるか、上からの改革ととらえるかは、一九二〇年代以来の論争点である。それは今日、政治的には憲法と議会をもち、経済的には資本主義が成立したことを重視して、革命ととらえる見解が支配的ともいえるほど有力になりつつあるように思われる。しかし、そこには重要な視点が欠けているように思われる。

わが国の近代国家は、いかなる原則、精神を基盤にしていたのであろうか。もしブルジョワ革命をへた国家であると主張するならば、その国家はほかのなによりも、自由と平等の原則のうえに運営されていなければならない。政治的・経済的な制度よりも、理念が重要なのである。天皇制は自由と平等の原則のうえに成立していたとはいえない。むしろ教育勅語、水戸学的なもののうえに成立していたのである。

戦後、良心的な人ほど水戸学を嫌った。そして、水戸学は無視ないし軽視された。個人的にはそれでよいだろう。しかし、それが学界、さらには国民レベルにまで一般化してよかったのであろうか。戦争中、狂信的に鼓吹《こすい》された水戸学、これだけでも十分に考慮されなければならなかったのではないだろうか。

水戸学が問いかけること

水戸学、そして天皇制は風俗を国家の基盤と認めた。風俗、それはごく普通の日本人のあり方である。今日、われわれが日本的と思える習慣といってもよい。天皇制はそのうえに立脚して、国民を戦争に駆り立てたのである。

水戸学を嫌悪し、無視ないし軽視することは、日本人が当然と思っていたあり方が、悲惨な戦争の元になったことに眼をそらすことである。水戸学を考察するということは、戦争を反省し、われわれ日本人が伝統的に受け継いでいる負の側面を反省することを意味するのである。

あとがき

私が水戸学の研究を始めたのは、卒業論文を、吉田松陰をテーマに書いてからであった。松陰を選んだ理由は単純であった。アメリカに行こうとした松陰が、なぜ攘夷を唱えたのか、なぜ可能と考えたのか、理解できなかったからである。そして、松陰を読んで、水戸学の影響の大きさに驚き注目したのである。今日もそうであるが、当時はよりいっそう強く、水戸学の時代的な意義を評価しようとする雰囲気などまったくなかった。水戸学は封建思想の典型として、ひととおり、克服され否定される対象として取り上げられるのが、せきのやまであった。

指導教官は遠山茂樹先生であった。先生は、「水戸学には今日いわれているのとは違った側面がある」といって、励まされた。また、大学院に進学してからも、水戸学を研究するように期待された。

修士論文を書いたとき、近代史の理論家として知られた、当時四十代の研究者が私にいった。「はじめて学生との間に、世代の違いを感じた」と。彼ら戦争を体験した世代は、水戸学を正面から取り上げる気にはならないというのである。

就職してからは、この傾向が私に重くのしかかった。水戸学を研究すること自体を無意味なことと危険なことと頭から否定する人、そこまでいかなくとも、いぶかる人に何人も出会った。でも、こういう人はまだいいほうだったのかもしれない。もっとも困ったのは、私が水戸学を研究していると聞いただけで、私を右翼と思い込んでしまうのである。

先ごろも、同じ職場で十年ほどすごし、すでに退職した人と久し振りにお会いした。話が水戸学のことになり、説明していると突然、「君はあのグループじゃなかったの。ではなんで水戸学など研究するのか」という趣旨の発言をされた。

水戸学とは、それほどまでに戦前・戦中世代の心に侵透し、とらえた思想なのである。もちろん、国民を戦争に動員するために鼓吹《こすい》されたのである。彼らが嫌う気持ちはよくわかる。しかし、忌み嫌ってばかりいる精神態度は、臭いものには蓋《ふた》をして、やがて忘れ去るようなものでしかないのではないだろうか。必要なことは、どんな恥ずべきマイナス的側面といえども、みずから明らかにすることではないだろうか。私は水戸学を研究していて思わざるをえなくなった。日本人は本当の意味で戦争を反省していない、と。

ただ私の場合は研究条件にめぐまれていた。遠山先生は親身にきびしく御指導下さった。

それ故に処女論文「後期水戸学と奇兵隊諸隊」を書いて、「おまえいい論文を書いたな」と、はじめてほめられたときのことは印象深く心に残っている。また、家永三郎先生も、『後期水戸学研究序説』を出版するにあたって、序文の執筆をお願いしたところ、こころよく御快諾下さった。両先生ともに、卒業後も私の書いたものにはつねに御批評下さった。先生方の御指導・御鞭撻がなかったならば、私はくじけてしまったかもしれない。もちろん、そのほかにもよき師友にめぐまれた。そのうえ、就職先は水戸であった。

本書は、私が水戸学についてこれまで研究してきたことを、一般の読者にわかりやすいようにと努力してまとめたものである。しかし、この作業はなかなかむずかしかった。一つには、思想をわかりやすく解説することの困難さにあった。それ以上に、水戸学の場合、これまで決めつけといっていいほどの扱いであったから、そうではない側面はきちんと明示しなければならないと考えたからである。そのために、とくに藤田東湖の「弘道館記述義」のところは、史料の引用が多く、一般の人には読みにくいかもしれない。私としてはその点は耐えて、水戸学と一様にいわれるなかに質的な違いのあること、近代天皇制に導く要素が形成されてきたことを読み取ってほしいのである。

水戸学の研究は、はじまったばかりといっても過言ではない。私としても、水戸学はどの思想から何を学んだのか、もっと研究しなければならないと思っている。より具体的には、会沢正志斎の論じた神道国教化政策や、藤田東湖の尊王に直結した神道的な誠、そして近代の水戸学のあり方（利用のされ方というべきか）など興味がつきない。

また本書は一般書であるので、いちいち出典を明示することは煩雑なので避けたが、史料を直接引用した場合、本文中にどのような史料かの記述がないときにかぎって、史料名を付記した。ただ、吉田松陰と横井小楠に関しては、全集と遺稿にまとめられているので、引用した場合には、その巻数・頁数を付記した。

本書の出版にあたっては、吉川弘文館編集部の方々に、大変お世話になった。末尾に記して感謝の意を表する。

二〇〇二年十一月十三日

また一つ歳をとった日に水戸の宿にて

吉田俊純

著者紹介

一九四六年、東京に生まれる
一九七一年、横浜市立大学文理学部卒業
一九七四年、東京教育大学大学院文学研究科修士課程修了
現在、筑波学院大学経営情報学部教授

主要著書
後期水戸学研究序説　農村史の基礎的研究　明治維新と水戸農村　水戸光圀の時代　熊沢蕃山　近世近代地域寺社の展開過程　寛政期水戸学の研究　徳川光圀　水戸学の研究　日本近世経済思想史研究

歴史文化ライブラリー
150

水戸学と明治維新

二〇〇三年（平成十五）三月一日　第一刷発行
二〇二一年（令和　三）四月一日　第四刷発行

著　者　吉《よし》田《だ》俊《とし》純《ずみ》
発行者　吉川道郎
発行所　株式会社　吉川弘文館
東京都文京区本郷七丁目二番八号
郵便番号一一三―〇〇三三
電話〇三―三八一三―九一五一〈代表〉
振替口座〇〇一〇〇―五―二四四
http://www.yoshikawa-k.co.jp/
印刷＝株式会社　平文社
製本＝ナショナル製本協同組合
装幀＝山崎　登

ISBN978-4-642-05550-5

歴史文化ライブラリー

1996.10

刊行のことば

現今の日本および国際社会は、さまざまな面で大変動の時代を迎えておりますが、近づきつつある二十一世紀は人類史の到達点として、物質的な繁栄のみならず文化や自然・社会環境を謳歌できる平和な社会でなければなりません。しかしながら高度成長・技術革新にともなう急激な変貌は「自己本位な刹那主義」の風潮を生みだし、先人が築いてきた歴史や文化に学ぶ余裕もなく、いまだ明るい人類の将来が展望できていないようにも見えます。このような状況を踏まえ、よりよい二十一世紀社会を築くために、人類誕生から現在に至る「人類の遺産・教訓」としてのあらゆる分野の歴史と文化を「歴史文化ライブラリー」として刊行することといたしました。

小社は、安政四年(一八五七)の創業以来、一貫して歴史学を中心とした専門出版社として書籍を刊行しつづけてまいりました。その経験を生かし、学問成果にもとづいた本叢書を刊行し社会的要請に応えて行きたいと考えております。

現代は、マスメディアが発達した高度情報化社会といわれますが、私どもはあくまでも活字を主体とした出版こそ、ものの本質を考える基礎と信じ、本叢書をとおして社会に訴えてまいりたいと思います。これから生まれでる一冊一冊が、それぞれの読者を知的冒険の旅へと誘い、希望に満ちた人類の未来を構築する糧となれば幸いです。

吉川弘文館

歴史文化ライブラリー

近・現代史

歴史文化ライブラリー

- 大和の豪族と渡来人 葛城・蘇我氏と大伴・物部氏 ― 加藤謙吉
- 白村江の真実 新羅王・金春秋の策略 ― 中村修也
- よみがえる古代山城 国際戦争と防衛ライン ― 向井一雄
- よみがえる古代の港 古地形を復元する ― 石村 智
- 古代豪族と武士の誕生 ― 森 公章
- 飛鳥の宮と藤原京 よみがえる古代王宮 ― 林部 均
- 出雲国誕生 ― 大橋泰夫
- 古代出雲 ― 前田晴人
- 古代の皇位継承 天武系皇統は実在したか ― 遠山美都男
- 古代天皇家の婚姻戦略 ― 荒木敏夫
- 壬申の乱を読み解く ― 早川万年
- 戸籍が語る古代の家族 ― 今津勝紀
- 地方官人たちの古代史 律令国家を支えた人びと ― 中村順昭
- 古代の都はどうつくられたか 中国・日本・朝鮮・渤海 ― 吉田 歓
- 平城京に暮らす 天平びとの泣き笑い ― 馬場 基
- 平城京の住宅事情 貴族はどこに住んだのか ― 近江俊秀
- すべての道は平城京へ 古代国家の〈支配の道〉 ― 市 大樹
- 都はなぜ移るのか 遷都の古代史 ― 仁藤敦史
- 聖武天皇が造った都 難波宮・恭仁宮・紫香楽宮 ― 小笠原好彦
- 天皇側近たちの奈良時代 ― 十川陽一
- 藤原仲麻呂と道鏡 ゆらぐ奈良朝の政治体制 ― 鷺森浩幸
- 悲運の遣唐僧 円載の数奇な生涯 ― 佐伯有清
- 遣唐使の見た中国 ― 古瀬奈津子
- 古代の女性官僚 女官の出世・結婚・引退 ― 伊集院葉子
- 〈謀反〉の古代史 平安朝の政治改革 ― 春名宏昭
- 平安朝 女性のライフサイクル ― 服藤早苗
- 平安貴族の住まい 寝殿造から読み直す日本住宅史 ― 藤田勝也
- 平安京のニオイ ― 安田政彦
- 平安京の災害史 都市の危機と再生 ― 北村優季
- 平安京はいらなかった 古代の夢を喰らう中世 ― 桃崎有一郎
- 天台仏教と平安朝文人 ― 後藤昭雄
- 天神様の正体 菅原道真の生涯 ― 森 公章
- 平将門の乱を読み解く ― 木村茂光
- 藤原摂関家の誕生 平安時代史の扉 ― 米田雄介
- 安倍晴明 陰陽師たちの平安時代 ― 繁田信一
- 平安時代の死刑 なぜ避けられたのか ― 戸川 点
- 古代の神社と神職 神をまつる人びと ― 加瀬直弥
- 古代の食生活 食べる・働く・暮らす ― 吉野秋二

歴史文化ライブラリー

歴史文化ライブラリー

中世武士の城——齋藤慎一
戦国の城の一生 つくる・壊す・蘇る——竹井英文
武田信玄——平山 優
徳川家康と武田氏 信玄・勝頼との十四年戦争——本多隆成
戦国大名毛利家の英才教育 元就・隆元・輝元と妻たち——五條小枝子
戦国大名の兵粮事情——久保健一郎
戦乱の中の情報伝達 使者がつなぐ中世京都と在地——酒井紀美
戦国時代の足利将軍——山田康弘
室町将軍の御台所 日野康子・重子・富子——田端泰子
名前と権力の中世史 室町将軍の朝廷戦略——水野智之
摂関家の中世 藤原道長から豊臣秀吉まで——樋口健太郎
戦国貴族の生き残り戦略——岡野友彦
鉄砲と戦国合戦——宇田川武久
検証 長篠合戦——平山 優
織田信長と戦国の村 天下統一のための近江支配——深谷幸治
検証 本能寺の変——谷口克広
明智光秀の生涯——諏訪勝則
加藤清正 朝鮮侵略の実像——北島万次
落日の豊臣政権 秀吉の憂鬱、不穏な京都——河内将芳
豊臣秀頼——福田千鶴
ザビエルの同伴者 アンジロー 戦国時代の国際人——岸野 久
イエズス会がみた「日本国王」 天皇・将軍・信長・秀吉——松本和也
海賊たちの中世——金谷匡人
アジアのなかの戦国大名 西国の群雄と経営戦略——鹿毛敏夫
琉球王国と戦国大名 島津侵入までの半世紀——黒嶋 敏
天下統一とシルバーラッシュ 銀と戦国の流通革命——本多博之

近世史

細川忠利 ポスト戦国世代の国づくり——稲葉継陽
家老の忠義 大名細川家存続の秘訣——林 千寿
江戸の政権交代と武家屋敷——岩本 馨
江戸の町奉行——南 和男
江戸御留守居役 近世の外交官——笠谷和比古
大名行列を解剖する 江戸の人材派遣——根岸茂夫
江戸大名の本家と分家——野口朋隆
〈甲賀忍者〉の実像——藤田和敏
江戸の武家名鑑 武鑑と出版競争——藤實久美子
江戸の出版統制 弾圧に翻弄された戯作者たち——佐藤至子
武士という身分 城下町萩の大名家臣団——森下 徹